教子36计

揭秘孩子的36种行为语言

武鹏程 主编

时代出版传媒股份有限公司
安徽教育出版社

图书在版编目（CIP）数据

揭秘孩子的 36 种行为语言 / 武鹏程主编. —合肥：
安徽教育出版社，2012.11
（教子 36 计）
ISBN 978-7-5336-7168-6

Ⅰ.①揭… Ⅱ.①武… Ⅲ.①家庭教育 Ⅳ.①G78

中国版本图书馆 CIP 数据核字（2012）第 271063 号

书名：揭秘孩子的 36 种行为语言　　　　　　主编：武鹏程

出 版 人：朱智润　　策划编辑：夏业梅　　责任编辑：吉　利
责任印制：王　琳　　　　　　　　　　　　装帧设计：许海波

出版发行：时代出版传媒股份有限公司　　http://www.press-mart.com
　　　　　安徽教育出版社　　　　　　　　http://www.ahep.com.cn
　　　　　（合肥市繁华大道西路 398 号，邮编：230601）
　　　　　营销部电话：(0551)63683010,63683011,63683015
排　　版：安徽创艺彩色制版有限责任公司
印　　刷：合肥江淮印务有限责任公司　　电话：(0551)62606278
（如发现印装质量问题，影响阅读，请与印刷厂商联系调换）

开本：710×1010　1/16　　印张：14　　字数：290 千字
版次：2012 年 11 月第 1 版　　2012 年 11 月第 1 次印刷

ISBN 978-7-5336-7168-6　　　　　　　　定价：29.80 元

版权所有，侵权必究

前　言

　　孩子，一直是父母希望的延伸，也是父母心愿的实现者。父母对孩子的爱是无穷的，但往往爱的方式与语气出现了偏差，让孩子难以理解。

　　父母应该要学习，要了解孩子的成长过程，以及当孩子在语言表达不清时，要学会通过观察孩子的行为与表现，了解孩子的想法与目的，以便能够做出正确的处理。

　　本书通过对孩子常见的 36 种行为的剖析，帮助父母了解孩子的真实想法和成长发育特点。在"父母高招"中，列出了一些有效的处理方法供父母学习借鉴。

　　本书通俗易懂，案例居多，配以俏皮可爱的插图，或是强化父母对本章内容的理解，或是贡献小计策，以及延伸阅读，帮助父母处理同类问题。

目　录

行为 1:爱哭 / 1
　　行为表现:孩子哭起来没完 / 1
　　心理语言:哭是有"感情"在活动 / 2
　　父母高招:先认同孩子的感情 / 3

行为 2:插嘴 / 7
　　行为表现:大人讲话,孩子插嘴 / 7
　　心理语言:好奇心与表现欲的驱使 / 8
　　父母高招:因地制宜待插嘴 / 10

行为 3:撒娇 / 13
　　行为表现:撒娇 / 13
　　心理语言:撒娇可以,别任性 / 14
　　父母高招:尊重孩子为前提 / 16

行为 4:不合群、怕人 / 19
　　行为表现:不敢与小朋友玩 / 19
　　心理语言:不合群原因逐个数 / 20
　　父母高招:玩,让孩子走进人群 / 22

行为 5:不听指令 / 25
　　行为表现:你说东,他偏往西 / 25
　　心理语言:我不知道该怎么做 / 26
　　父母高招:做孩子"同战壕的战友" / 28

行为 6:不按父母说的做 / 31
　　行为表现:故意不听话 / 31
　　心理语言:我不知道自己能不能做好 / 32
　　父母高招:沟通与理解,鼓励孩子尝试 / 34

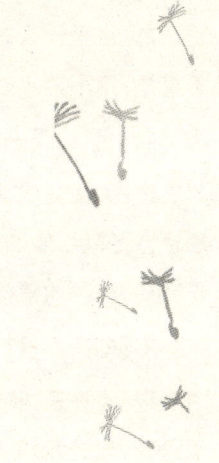

行为 7：说谎 / 37
   行为表现："我爸爸比你爸爸厉害多了" / 37
   心理语言：谎话就是我的愿望 / 38
   父母高招：理解孩子的愿望和想象 / 40

行为 8：不喜欢新事物 / 43
   行为表现：一个动作百做不厌 / 43
   心理语言：温故而知新 / 44
   父母高招：由他去，让孩子自由成长 / 46

行为 9：摸生殖器 / 49
   行为表现：手会不由自主去摸它 / 49
   心理语言：这是什么东西啊 / 50
   父母高招：用小游戏改正习惯 / 51

行为 10：哭闹 / 55
   行为表现：哭闹变成一种"策略" / 55
   心理语言：哭闹，他们拿我没办法 / 56
   父母高招：简单的策略，强大的作用 / 58

行为 11：嫉妒 / 61
   行为表现：不许爸妈碰别的孩子 / 61
   心理语言：你是我妈妈，不要对他好 / 62
   父母高招：引导孩子嫉妒变竞争 / 64

行为 12：打人、咬人 / 67
   行为表现：打架咬人，看谁还敢 / 67
   心理语言：动手原因个个数 / 68
   父母高招：以暴制暴要不得 / 70

行为 13：赖床 / 73
   行为表现：叫三遍就是不起床 / 73

心理语言:你是大人,我做不到 /74
父母高招:分配责任治赖床 /76

行为 14:发呆还是专注 /79
行为表现:关注一个玩具很久 /79
心理语言:我其实什么都没想 /80
父母高招:先观察,再提问 /82

行为 15:做家务 / 85
行为表现:家中的"小皇帝" /85
心理语言:你又不给我机会做 /86
父母高招:给孩子"实习"的机会 /88

行为 16:乱放玩具 / 91
行为表现:乱七八糟的玩具 /91
心理语言:我不是故意的 /92
父母高招:收拾玩具前,告诉孩子步骤 /94

行为 17:讨价还价 / 97
行为表现:做事前先谈判 /97
心理语言:反正你不答应我就不做 /98
父母高招:调动孩子的快乐指数 /100

行为 18:怕黑 / 103
行为表现:不敢上厕所 / 103
心理语言:不明原因的恐惧 / 104
父母高招:用触觉改善恐惧 / 105

行为 19:画得好还是画得像 / 109
行为表现:画画一定要画好吗 / 109
心理语言:不断重复画,是孩子在创作 / 110
父母高招:转变想法重新理解画画 / 112

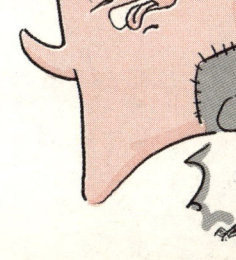

行为 20：模仿 / 115

行为表现：不管好坏，孩子爱模仿 / 115

心理语言：模仿是最初的学习手段 / 116

父母高招：利用模仿，增强孩子的身体机能 / 118

行为 21：拒绝吃饭 / 121

行为表现：不吃，就不吃 / 121

心理语言：心里有事，吃不下 / 122

父母高招：了解孩子的想法 / 124

行为 22：爱发脾气 / 127

行为表现：不合心意就发脾气 / 127

心理语言：反正父母会示弱 / 128

父母高招：忽视教育治愈乱发脾气 / 130

行为 23：不爱写作业 / 133

行为表现：不爱写作业 / 133

心理语言：不是我不想写作业 / 134

父母高招：引导孩子主动写作业 / 135

行为 24：趴在桌上写作业 / 139

行为表现：一眼瞅不见，就趴在桌上 / 139

心理语言：我就不改 / 140

父母高招：一巴掌改变坏坐姿 / 142

行为 25：物归原处 / 145

行为表现：拿取物件知道物归原处 / 145

心理语言：孩子对秩序的敏感 / 146

父母高招：注意小细节，抓住孩子的敏感期 / 148

行为 26：规矩 / 151

行为表现：有规矩但形同虚设 / 151

心理语言:是谁破坏了规矩 / 152
　　父母高招:让孩子守规矩,父母先自省 / 154

行为 27:做孩子的"伴儿" / 157
　　行为表现:孩子不喜欢的"陪伴" / 157
　　心理语言:虽然人多,但是我没有朋友 / 158
　　父母高招:帮孩子找到喜欢的"伴儿" / 160

行为 28:看电视 / 163
　　行为表现:看电视不管时间和节目 / 163
　　心理语言:我就爱看电视 / 164
　　父母高招:狠心的"杀手锏" / 166

行为 29:孩子背后的靠山 / 169
　　行为表现:爷爷奶奶是靠山 / 169
　　心理语言:三代同堂,有喜也有忧 / 170
　　父母高招:找人当"坏人" / 172

行为 30:打针拼命哭 / 175
　　行为表现:打针拼命记 / 175
　　心理语言:不去,害怕 / 176
　　父母高招:缓解孩子对痛苦的恐惧 / 178

行为 31:害怕洗澡 / 181
　　行为表现:痛苦的洗澡 / 181
　　心理语言:不要洗,害怕 / 182
　　父母高招:换换想法和做法 / 183

行为 32:自我否定 / 187
　　行为表现:我不是自己 / 187
　　心理语言:"我"为什么是"我" / 188
　　父母高招:赞赏孩子,让孩子了解自我 / 189

行为 33：一批评就哭 / 193
　　行为表现：语气重点就哭 / 193
　　心理语言：是不是不再爱我了 / 194
　　父母高招：一点点改变孩子 / 196

行为 34：外面的"小大人" / 199
　　行为表现：在外"小大人"，在家"小人大" / 199
　　心理语言：执拗敏感期让孩子变了性格 / 200
　　父母高招：父母多学习 / 202

行为 35：不睡觉 / 205
　　行为表现：晚上老是要开灯，不睡觉 / 205
　　心理语言：为了探究解决问题的办法 / 206
　　父母高招：别让孩子感受到父母的抱怨 / 207

行为 36：装哭 / 211
　　行为表现：孩子爱装哭 / 211
　　心理语言：你看看我的情绪 / 212
　　父母高招：认真对待孩子的情绪 / 214

行 为

爱哭

行为表现：孩子哭起来没完

爱哭是孩子的天性，而且常常哭起来就没完没了，父母、老师打也不是骂也不是，确实很心烦。

玲玲今年四岁，刚进幼儿园不久，可老师对她却印象深刻，玲玲动不动就大哭的脾性"功不可没"。

那天早上，一群小朋友在玩皮球。没过一会儿，玲玲的哭声就传到了老师的办公室了。

原来，玲玲看到其他小朋友玩得那么开心，而自己却老是抢不到皮球，于是干脆就坐到地上，放声大哭。

老师过来之后，先是苦口婆心地劝说，"玲玲最乖了"、"哭花了脸就不好看啦"、"皮球在这呢，咱们接着玩"……

结果，玲玲不仅没有停止哭闹，借着老师的安慰还顺势躺在了地上，两脚蹬地。老师接着又使出第二招——引诱，"玲玲，如果你不哭的话，老师就送你个大红花好不好"、"只要你笑一个，咱们今天就多玩一个小时"……

玲玲依然躺在地上，哭声仍旧不止。遇到如此爱哭、两嘴一开就不合拢的孩子，父母或老师实在不知如何是好。

心理语言：哭是有"感情"在活动

哭，不管是大人还是小孩，在特定的场合或者遇到特定的事情时都是一种正常现象，如获取胜利时喜极而泣，碰到伤心事时痛哭流涕等。

一般情况下，四岁以前的孩子在不如意时都比较爱哭，孩子的哭也被人认可。如果孩子四岁以后甚至长大成人了还爱哭，特别是遇到一点困难或遭到一点挫折就泪流满面，那就是软弱的象征，是没有能力的表现，不仅对解决问题无益，还会让人看不起。

孩子哭，原因多样，有的是因被忽视而发脾气；有的是因为自己的需要没能被满足；还有的是因为心灵脆弱，过于敏感。

哭的行为是一种结果，是问题表面化的结果。既然有哭的行为表现出来，内心里一定有某种"感情"在活动。所以，要想解决好孩子的哭就得从这"感情"入手。

感情的活动让孩子哭

作为一个小孩子，哭哭啼啼在所难免，而哭总是有原因的。一般来说，孩子的哭在生理上代表饥饿、病痛、身体不舒服等；在心理上，代表委屈、挫折、害怕、悲伤、不满、忏悔、发泄、要求、需要被关心和被注意等。

严格地说，一个小孩子是不会无缘无故地哭的。无论孩子有什么千奇百怪的想法，无论他怎么让爸爸妈妈摸不着头脑，也肯定是出于某一个方面才哭的，只是这个方面要么被大人所忽视，要么大人就根本不认为这会是孩子哭的原因。所以，大人对孩子的哭感到困惑。我们要站在孩子这一边，从孩子的心理、孩子的角度来看待孩子的哭。

孩子的哭，反映身体上的感受

如果渴了饿了，孩子就会难受，而孩子是不懂得向大人们表达出来的。这

行为1 爱哭

个时候我们可爱的才几岁的孩子就只有哭这个方法了,先用哭把大人们吸引过来,然后再比手画脚地来表达。

同样,孩子摔着了、碰到了,哪里一疼痛,也是立马就哭了起来。这种生理上的哭是有迹可寻的。但是在心理上,孩子委屈了、伤心了,父母们就需要耐心安慰、劝说、引导,才会让孩子慢慢说出当时的感受,然后相应地采取一些好的方法来让孩子停止啼哭。

哭,其实并不是一件坏事。孩子就是伴随着哭声来到这个世界的,哭是孩子最先懂得的表达方式,是孩子与外界沟通的一种特殊方式。试想一下,如果刚生下来的孩子不哭甚至一声不吭的话,父母应该更担心吧。

哭是一种手段

当父母过于娇宠孩子,看不得孩子哭时,孩子的哭就变成一种手段。这种情况是父母需要扼制的,千万不能让孩子养成这样的习惯。

有时,孩子适当地哭一哭是有好处的,它可以让我们更好地认识、理解孩子。

父母高招:先认同孩子的感情

父母要尽量避免让孩子养成爱哭的习惯。若想做到这一点,父母需要在孩子小的时候就用合适的方法加以控制,以预防为主。比如,孩子有什么问题还没说泪水先流了出来,父母此时不要急着上前安慰,而应冷静地让孩子停止哭泣,说出事情的经过。除此之外,还应该做到以下几点:

一、先认同孩子的感情,并让他知道哭解决不了问题

不管孩子是因为何种原因哭,父母都不要立刻进行安抚,而应该让孩子平静下来,说清楚事情的原委,然后父母要说,"你很难过是不是……"对于那些跟父母玩心计,用哭来要挟父母满足自己欲求的孩子,父母绝对要坚持自己的

立场，不能让孩子得逞，否则孩子就会愈演愈烈，最后有可能形成爱哭的习惯。

二、告诉孩子哭会让自己变丑

玉玉三岁半了，是一个漂亮的小姑娘，特别爱美，但同时也好哭，一有什么不如意的事，就大哭起来。妈妈看见她哭的样子很难看，忽然灵机一动，找来一面镜子，照着玉玉的脸，对她说："你看看镜子里，你哭的时候多么难看啊。"

玉玉偷偷扫了一眼镜子，发现自己真的很难看，于是马上止住了哭泣。妈妈又对她说："玉玉笑起来很好看，不信你笑个试试。"玉玉看了妈妈一眼，对着镜子做了一个笑的模样，脸上还挂着泪珠，样子十分滑稽。妈妈忍不住大笑了起来，玉玉也跟着笑了。从此以后，玉玉哭的次数越来越少了。

如果孩子喜欢哭，那么父母还要根据孩子的性格爱好对他的行为进行纠正。如果孩子像玉玉一样爱美，父母可以告诉她哭会让自己变丑，孩子就会为了自己的美丽而减少哭泣，也会因此改掉爱哭的习惯。

三、教孩子学会转移注意力

袁莉由于性格软弱，遇到点不顺心的事情就很容易伤心落泪，并且沉浸在消极的情绪里难以自拔。父母担心孩子这样下去会影响心理健康，就想方设法地改变孩子爱哭的毛病。

袁莉喜欢游泳和画画，父母就经常带着孩子去游泳，并且给孩子报了绘画课，以培养孩子这两方面的技能。这样，在孩子情绪不好时，袁莉的父母就带着她去游泳，或者铺开纸让孩子画画，孩子的不良情绪也会因此缓和许多。后来，袁莉遇到不如意的事情时，就做自己喜欢的事来转移注意力。最后，袁莉爱哭的习惯慢慢地改掉了。

如果孩子喜欢哭，父母就可以像袁莉的父母学习，用转移注意力的方式来使孩子止住眼泪。开始，父母可以引导孩子转移注意力，进而让孩子试着主动去做自己感兴趣的事，这样能避免孩子一直沉浸在消极的情绪里，减少孩子哭泣的次数。

四、培养孩子坚强的个性和意志

唐山在一次竞赛中没有考好，由于父母一直追着问，心里难受，就大哭了起

来。唐山的父母觉得孩子过于软弱,为了使孩子日后能经得起大风大浪,就开始有意识地培养孩子坚强的个性和意志。

他们告诉孩子每个人都不可能避免生活中的挫折,所以不应该因一点小事就伤心落泪,而要想办法解决问题。同时他们给唐山讲了一些英雄人物的故事,让孩子向这些人学习,并带着孩子去做一些有利于锻炼孩子意志的运动。

一段时间过后,唐山比以前坚强了许多,遇到伤心事也不再轻易流泪。

每个人的一生都会有不愉快的事情发生,也都会有困难阻碍存在。遇到挫折时,哭是不能解决任何问题的,还可能会使事情陷入一团乱麻之中。

如果家里有爱哭的孩子,父母可以学习唐山父母的做法,有意识地培养孩子坚强的个性和顽强的意志。这样,孩子以后再遇到什么事情,就会用冷静思考和积极想办法解决难题来代替哭泣,这样才能提高孩子的生存能力。

让幼儿迅速安静的5个小方法

1. 裹好毯子抱在怀里：新生儿喜欢温暖的怀抱和安全感，父母可以用毛毯包裹孩子抱在怀里。

2. 让孩子听有节奏的声音：新生儿很熟悉心跳的节奏感，父母可以在需要的时候放胎教音乐或者轻声哼唱摇篮曲。

3. 让孩子身体处在运动状态：把孩子放在摇篮里轻轻摇动，或者开车带他兜一圈，可以根据情况选择合适的方式。

4. 轻揉孩子的肚子：对那些因患疝气而肚子胀痛的婴儿，可以轻轻按摩孩子的后背或腹部，效果颇佳。

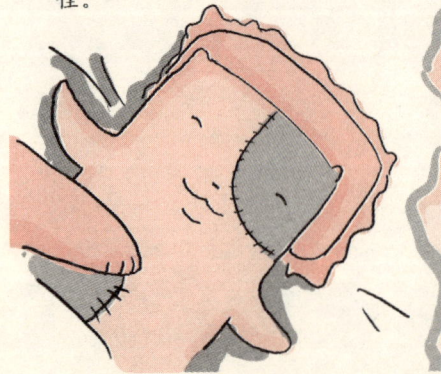

5. 照顾好自己：长期照顾和担心孩子容易让人紧张不安、心神不定。若想照顾好宝宝，先要照顾好你自己。要保证充足的睡眠、均衡的饮食，这样有助于你保持快乐心态，从而也给你的宝宝一个微笑的理由。

行为 2 插嘴

行为表现：大人讲话，孩子插嘴

孩子总是插嘴，在家长和老师眼里是不好的习惯。家长们认为爱插嘴的孩子不礼貌，说话不经过大脑思考，嘴巴快。

最近，黄女士的孩子总喜欢插嘴。

在家里，大人在一起讲话，孩子偏偏在这个时候不断地插嘴，谈话很容易被打断，没办法正常进行。甚至其他大人会认为，肯定是妈妈没教好，不然小孩子怎么会这么不懂礼貌。为此她十分尴尬。

在学校，幼儿园老师都来投诉说，孩子总喜欢在别的小朋友回答问题时，插上一两句。当别的小朋友回答错误时，他总是没等别人说完，自己就站起来说了。这让老师不知如何是好。

黄女士开始反省自己了，是不是真的没教好孩子，才会让他这么不礼貌地插嘴呢？

其实，如果从另外一个角度来分析，爱插嘴的孩子是有很多优点的。他们反应敏捷，思维清晰，容易跟上别人讲话的节奏和理解别人讲话的内容。

那么,孩子为什么总是喜欢插嘴呢?

心理语言:好奇心与表现欲的驱使

孩子爱插嘴跟很多因素有关。

原因一　家庭因素

现在很多孩子都是独生子女。在家里,孩子是"小皇帝""小公主",他们讲的每句话,家长都会耐心地听。这无形中就给孩子培养了一种习惯,孩子讲话时,不会考虑别人的感受,想什么时候说,就什么时候说。而且,孩子会把这样的习惯带到家庭以外的环境去。

原因二　与幼儿的心理有关

孩子年龄小,知识面又不广泛,好奇心旺盛,求知欲高。当他们听到曾经听过的、似懂非懂的话题,就会有强烈的欲望参与到大人的谈话中来表现自己。还有另外一种情况是,大人讨论的问题,孩子不懂,他们便会插嘴提出疑问。

例如,红红从学校老师口中得知,西红柿也叫番茄。最近红红跟着妈妈去菜场买菜,当妈妈跟卖菜商贩交易时,看到西红柿的红红就会插话问妈妈,"妈妈,西红柿也叫番茄是吧!"

原因三　教育环境

通常情况下,老师教育孩子要懂礼貌,都是告诉孩子要尊重老师,团结同学,平时见面要友好热情。

例如,见到老师长辈要主动问好,要在同学们需要帮助的时候伸出援手。或者是,在马路上捡到东西要交给警察叔叔。

这样的礼仪教育往往忽略爱插话也是不礼貌的行为之一,会对孩子的认知

程度有一定的影响。

原因四　爸爸妈妈充当坏榜样

当孩子在身边时,家长可能有不自觉的插话行为,不知不觉给孩子充当了反面教材。孩子在思维意识成长阶段,会模仿家长的行为习惯,他们会认为,家长做的应该是对的。所以,如果家长自己有插话的习惯,孩子也会跟着学。

原因五　觉得自己被忽视

平时家长总是关注着孩子的行为,但一旦家长投入到谈话中时,可能忽略身边的孩子,孩子这时就会有被忽视的感觉。于是,在家长与别人谈话中,他们就会用插话的方式来引起家长的关注。

例如,妈妈和孩子一起看电视时,隔壁阿姨来访。于是妈妈就和阿姨聊起来了,忽略了孩子在身边。此时,孩子就会听着大人的谈话内容,用插话来引起重视,使妈妈的注意力转移到自己这边。

原因六　意愿没有被满足

有时候,孩子的愿望没有被满足,也会通过插话的方式,让家长能够理解他想要什么。

例如,家长跟孩子约好一起去游乐园,但是,在途中遇到很久不见的朋友,于是家长就和朋友聊了起来。此时孩子在旁边觉得无聊,就会通过插话来提醒家长完成刚才的约定。

原因七　想要得到帮助

有时候,孩子在生活中遇到某些困难,急于得到帮助,就不得不在大人谈话的时候插嘴说话了。

例如,孩子要去幼儿园,老师交代今天要带胶水上手工课。而孩子一时大意忘记把胶水放在哪里了。此时,他会不顾大人们在讨论问题,会插话问"妈妈,我的胶水在哪里?"

父母高招:因地制宜待插嘴

　　每个孩子都是淳朴天真的,他们插嘴并没有恶意。许多家长认为孩子是刻意捣乱,就会在孩子插嘴时生气。但家长的这种举动,可能会扼杀孩子表达自我见解的能力。所以,对于孩子的插嘴,家长应该给予重视。
　　孩子不适宜的插嘴,是不礼貌的行为,会使家长感到很烦恼。
　　作为家长,应该让孩子了解什么是礼貌。在孩子插嘴时,用温和的口气教育他。比如说,你可以告诉他"宝贝,要记住哦!要懂得耐心听别人讲话,等别人讲完了,我们才可以表达自己的看法。这样,才是懂礼貌的好孩子。"
　　要记住,不要当着别人的面冲孩子发脾气,谴责孩子"你怎么这么不懂事呀!"这样,会打击孩子讲话的自信。要教导孩子在大人讨论结束时发言,这样,既让孩子学会倾听,又让孩子能充分表达见解。
　　孩子插嘴的原因多种多样,只有正确分析原因,才能真正理解孩子需要什么,才能用正确的方式教育孩子。
　　首先,家长不能无形中让孩子培养插嘴的习惯。家长要有不插嘴的习惯,才能给孩子做好榜样。
　　第二,不要忽略孩子。家长不要因为突然发生的某件事而忽略孩子的存在。当孩子在场时,说话要考虑孩子的感受。如果家长自己全心投入到一段谈话而忽略孩子,孩子就会插嘴来引起家长注意。
　　第三,答应孩子的事要做到,如果实在不能做到,要跟孩子道歉。这样,孩子才不会在大人谈话时打扰你们。人是互相尊重的,只有家长懂得尊重孩子,孩子才会尊重你。
　　第四,当孩子对大人谈话内容有疑问插嘴时,要先告诉孩子,等谈话结束后回答他。这样,孩子是会理解的。久而久之,孩子便不会在大人谈话中提出问题了。
　　第五,如果孩子在紧急情况下需要帮助,会急切地打断大人的谈话。这时,不要因为恼火而斥责孩子,要及时给孩子帮助。
　　第六,如果孩子是因为表现欲望强烈而插嘴,家长可以暂时给孩子表现的

行为 2　插嘴

机会,在谈话对方同意的情况下,让孩子的表现欲望得到满足。事后,要用温和的口气跟孩子讲明道理,告诉他随便插话是不对的,要学会倾听。

所以,辨认好孩子插嘴的原因,是每个家长必须努力学习的技巧。倘若不能分辨出来,很可能给孩子带来错误的导向。如果家长做到位了,孩子依旧喜欢插嘴,就要纠正孩子爱插话的习惯,家长需要从几个细节做起。

1. 让孩子学会换位思考

在孩子讲话时,大人也插嘴。让孩子了解被插嘴的感受,同时教导孩子,以后别人在讲话的时候,不要插嘴,要懂得尊重别人。换位思考能让孩子把家长的教育铭记于心。

2. 拿同龄人当例子

在一些孩子多的地方,比如游乐场、公园等,让他看到别的小孩子都是等大人说完再说话。此时要引起孩子注意,可以对孩子说:"你看,别的小朋友都是在大人讲完话再说话的哦。他们能做的事,宝贝也一定可以做到的。"

3. 不断重复提醒

对于孩子不正确的行为,家长要耐心地引导和纠正。当孩子插嘴时,要告诉他正确的行为。插嘴一次,就说一次,注意不要失去耐心。在家长不放弃的努力下,一定可以让孩子养成良好的生活习惯。

4. 组织专题活动

围绕一个主题进行,在活动开始前跟孩子约定好,按顺序说话,认真听别人讲完。如果有很急切的想法想要表达,一定要先举手示意,在经得别人的同意下,才能开始表达自己的看法。随便插话要受到惩罚。如果孩子按规定办事,可以给他适当的表扬。

家里有客人来时，如果孩子爱插嘴，会显得没有教养。所以，在客人到来后，应该给孩子一些表现的机会，比如说让孩子背诵一首唐诗，然后不要忘了提示孩子停止。

给孩子 表现 的机会

当孩子背完诗后，你可以说："很棒，下一次我们还背唐诗给叔叔听，好不好？"这样说既是在肯定孩子，也是在告诉孩子——今天的表演就到这里了。

假如孩子没有听懂你的话，你可以更明确地说："叔叔要和爸爸说一些事情，让妈妈给你讲故事好吗？"还有，此时最好不要立即让孩子独处，这样孩子不容易接受。

可见，如果能了解孩子"人来疯"的原因，就能有针对性地设计一些对策，让孩子既活泼又不失教养。

行为 3 撒娇

行为表现：撒娇

最近这段日子，王女士家的孩子蒙蒙变得特别爱撒娇。看吧，家长为了小蒙蒙都忙死了。

"来，蒙蒙乖，妈妈给你穿衣服了。"
"爸爸穿。"蒙蒙嗲声嗲气地说。
"爸爸在忙呢，妈妈给你穿漂亮的衣服，好不好？"
"不嘛不嘛，就要爸爸穿。爸爸爸爸……"
正在刷牙的爸爸听到蒙蒙喊他，赶紧过来给蒙蒙穿衣服。
晚上睡觉前，蒙蒙又开始撒娇了。
奶奶将冲好的牛奶拿给蒙蒙喝，蒙蒙嘟着嘴巴，嘴里念叨着"要喝妈妈冲的奶！"看那样子，好像受了多大委屈。奶奶说话了："蒙蒙呀，奶奶给你冲的奶不好吗？喝了才能睡得更香"，"妈妈妈妈，就要喝妈妈冲的奶，妈妈"蒙蒙不断重复要妈妈冲的奶才喝。这可让奶奶困惑了，谁冲的奶不都一样吗？蒙蒙以前可从来不这样。为了让蒙蒙早点睡觉，奶奶吓唬他，"蒙蒙再不乖，警察叔叔要来抓人了。"没想到蒙蒙一听，哇哇地大哭了起来，真是让家长们不知所措。

为了让蒙蒙早点睡觉,妈妈拿了奶瓶假装去厨房冲奶。这下,蒙蒙乖乖地喝奶了,没一会,就甜甜地睡着了。

心理语言:撒娇可以,别任性

孩子从小在家庭的呵护下长大,多少都有点娇气。小孩子带着童真撒娇、耍赖,有时会让家长们觉得孩子很可爱。但凡事都要讲究"度",孩子一旦撒娇过了头,就演变成一种任性,任性成了习惯之后,孩子就很难教育好。一遇到不顺心的事就哭哭闹闹,很多家长为此操心烦恼。

通常,孩子在临睡前、睡醒或身体不舒服时,会表现出撒娇的情绪,这些都是合乎常理的。

孩子撒娇时,经常需要妈妈的怀抱。有的孩子一出门,就撒娇着要妈妈抱抱,要是不抱,他便开始呜呜地哭。那是因为妈妈的怀抱使他体验到与人接触的快乐,妈妈抱着孩子可以让孩子充分体验到妈妈对他的疼爱。

撒娇是孩子表达情感的一种方式,孩子需要家长做出回应。如果孩子身体不舒服,而他用语言又表达不清,就会撒娇,想要妈妈抱抱或者小鸟依人地靠在妈妈身边。如果妈妈能够察觉出来,就会使孩子情绪安定。

有些孩子遇到一些新鲜事物时,会缺乏安全感,但是又好奇地想要去探索,于是,便会向父母撒娇,让父母陪着他一起完成。

最近,四岁的玲玲看到邻居的哥哥小明在骑自行车,也想有一辆儿童自行车,像哥哥一样骑着玩。妈妈下班回家后,玲玲就拉着妈妈的手不放,要妈妈给她买自行车,并且陪她一起玩。

孩子多多少少都是会撒娇的,只要合理的,家长们应该顺从孩子的意愿。但是,很多孩子撒娇过度,甚至动不动就要性子,这会给家长带来很多麻烦。

生活上,孩子吃东西挑三拣四,这个不好吃,那个不合胃口。遇到爱吃的就狼吞虎咽,吃个没完,遇到不爱吃的,连眼睛都不瞟一下。饭桌上,家长们哄着

行为3 撒娇

孩子吃饭。哄不动了,家长就开始大发脾气,于是,家长自己生气,孩子受到惊吓哭哭啼啼。

在学习上,一点不舒服就不想上学。喜欢的文具就用,不喜欢的就乱丢。上街时,要爸爸妈妈给他买这个买那个,要是不买就在大街上哭。父母碍于面子,通常就会给孩子买了。

做作业时,没写两个字就想看动画片。读书不到半个小时就这儿累那儿累的。作业没做好,就怪父母不告诉他答案。这样惯出来的孩子,长大了,父母不得不对他百依百顺了。

大人们过于娇惯造成孩子强词夺理,甚至对长辈没有礼貌。有时说他一句,还顶撞好几句。现在的家庭都是几个大人照顾一个孩子。大人中要是有一个人不惯着孩子,就会遭到其他人的反对。

邻居家的明明有个毛病,看到别人有什么玩具,自己就吵着要有一样的玩具。每次,明明的妈妈总是和蔼地告诉他,"小孩子不能有攀比心理。"但是,明明就是不听劝,哭哭闹闹的就要买玩具。明明的奶奶心疼孩子,便责怪起明明的妈妈了。这让明明的妈妈十分为难。买了,就太惯着孩子。不买呢?以后每次要玩具,明明都跑去跟奶奶说,要奶奶买。

总是惯着孩子,是孩子从撒娇变任性的主要原因。就孩子的教育问题而言,家长要有统一的认识。要做好交流沟通,才能避免这样的问题出现。

还有一些孩子,不喜欢劳动。妈妈要是找他帮忙了,就装出无精打采的样子,撒娇说自己不舒服。到了五六岁了,还要妈妈帮他洗脸刷牙。要是没有大人在,就不洗脸刷牙了。

这是孩子过度依赖家长的结果。在适当的年龄,家长们就该让孩子学会生活自理。从简单的吃饭、穿衣、洗澡开始,这样孩子以后的适应能力会比较强。

父母高招:尊重孩子为前提

孩子撒娇不是错事,但是没有给予关注,只是单纯满足孩子的要求,日子久了,孩子就会慢慢变得任性。

家长们要注意,在处理孩子撒娇的问题上,要以尊重孩子为前提。不能总是用命令的口吻跟孩子说话,这样,就算孩子按你说的做了,心里还是会有很多不满和委屈。要用商量的口气,要是孩子做得好,要给予鼓励和表扬。

另外,家长们做事要有原则,不要在同一件事上有几种做法。

例如,吃饭的问题。在自己时间充沛时,就由着孩子慢慢吃。要是时间紧了,就要求孩子吃得比平时快。这样,孩子会掌握不了做事情的原则。

倘若孩子撒娇不吃饭,可以在吃饭时,和孩子约定好比赛谁吃得快。小孩子都有一定的好胜心理,跟妈妈比赛谁吃得快,会培养孩子的自理能力,同时,改掉一吃饭就撒娇的恶习。

对于孩子过度撒娇而任性的行为,家长们更应该提高警惕。

1. 对于孩子的无理要求,要坚决漠视

孩子总是有很多奇奇怪怪的想法,有些要求难免过分。对此,家长不要一下子就发脾气。要让他知道,家长不是什么都可以做到的。冷淡地面对孩子的要求,让孩子知道自己做错事,家长不开心了。过一会儿,孩子就会停止哭闹。但是记住,不能去哄孩子,这样会让孩子闹得更凶,最后不得不满足他。胜利感会让孩子以后每次都使用这样的方法。这样,孩子会变得更加任性。

2. 相信孩子是懂道理的

孩子意识到自己做错事安静下来的时候,家长可以让孩子学会思考。经过思考后孩子会更加理解家长的用心。这时候再跟孩子讲道理,孩子是可以接受的,并且会比平时你周而复始地教他该怎么做还有用。

3. 反面暗示

孩子在情绪上很容易发生变化,家长虽然心里着急,但是不能表现得太明

显,更不能有浮躁烦恼的表情。家长可以在不打击孩子自信的前提下,夸奖别的孩子。可以对孩子说类似的话"呀,隔壁家的小孩真乖,我真是越来越喜欢他了。要是我的孩子也这么乖,我也会越来越喜欢他的。"让孩子知道这是家长对他的暗示,为了得到爸爸妈妈的表扬,孩子就会变得听话。

4.创造集体生活的机会

到5~6岁时,集体生活会让这个时期的孩子懂得怎么分享和妥协。让他和同伴一起玩,大家都是孩子,有平等意识。同伴们不会像家长一样宠他或哄他,慢慢地他就会懂得怎么去妥协。

5.转移注意力

孩子天生好奇心强,注意力很容易转移到别的事物上。把握好时机转移孩子的注意力可以有效地避免孩子的任性。

例如,孩子在哭闹时,我们可以用一些转移注意力的说法,"儿子,看看,外面那群孩子在干嘛呀?猜对了,妈妈给你奖励哦!"这样,孩子很容易把刚才哭闹的事忘记。

6.不示弱

不要当着孩子的面说"真是拿你没办法"之类的话,孩子会认为他已经战胜你了,这样会使你在孩子面前失去威信。

7.实现诺言

答应孩子要做的事一定要做到。如果孩子发脾气是因为你不兑现承诺,那问题不在孩子身上,家长要自我反省,更不能欺骗孩子,否则孩子以后就不再相信你说的话了。

每一个懂事的孩子都是家长用心培育出来的。只要家长相信自己、相信孩子,把握正确的教育方式,孩子任性的坏习惯会随着他的成长慢慢消失的。

孩子向父母撒娇是情感交流的一种形式，是可以理解的。然而做父母的不能百般迁就，百依百顺，这会对孩子的成长不利。

关键是父母要把握一定的尺度，不让孩子过分撒娇。

明知故问
治撒娇哭闹

每当遇到孩子撒娇不好好说话的时候，家长都可以采用明知故问的方法应对。这个时候即使是听懂了孩子的意思，也装作听不懂，故意反问："你在说什么呀？我听不懂，你再说一遍。"

如果孩子还是哭着说话，家长可以继续发问："你的话我听不清楚，有话好好说，哭着说话我怎么能听得懂呢？"直到孩子用很清晰的语言表达清楚自己的意思了，家长才装作恍然大悟地说："哦，原来你是这个意思呀，这样说话妈妈喜欢，以后不要边哭边说话了，好吗？"

孩子在父母面前，有时难免会撒娇或者耍赖，家长不能一味迁就，要让孩子学会用清晰、完整的语言表达自己的意愿和想法。

行 为

不合群、怕人

行为表现：不敢与小朋友玩

有一些内向孤僻的孩子总是不敢和小朋友们一起玩。

陈女士看着小区的小朋友们成群结队玩得很开心，而自己家的孩子只是一个人在家里玩，心里很不是滋味。

陈女士的孩子鹏鹏今年四岁了，孩子平时很听话，妈妈说什么就做什么。家里人很少为孩子操心。

上个周末，陈女士带孩子去公园玩，发现鹏鹏不跟其他小朋友一起玩，公共设施只要有其他小朋友在玩，他就站在一边不玩了。

陈女士纳闷了，怎么孩子不和其他的孩子玩呢？也许是鹏鹏跟公园的孩子不熟悉，陈女士这样想，当时也没在意。

今天吃完晚饭后，陈女士带着孩子到小区散步。看到一大群孩子带着自己的玩具聚在一起玩，陈女士就带着鹏鹏过去了。可是，鹏鹏只是一个人在旁边玩，别的小朋友过来了，鹏鹏就换个地方玩。看到很多小朋友在一起玩赛车，他只会在一边看，就是不和其他孩子一起玩。

陈女士着急了,孩子究竟怎么了?为什么不喜欢和同龄的孩子一起玩呢?鹏鹏是不是有自闭症?

心理语言:不合群原因逐个数

通常儿童同伴关系的发展可分为三个阶段:

第一阶段 客体中心阶段:处于这一阶段的孩子与别人打交道时,并不是对别人产生兴趣,而是看上了别人的玩具或者其他物品。

第二阶段 简单的相互作用阶段:儿童会模仿同伴的行为,比如看到别的小朋友摔倒,他也跟着摔倒,或者试图控制对方,对同伴的行为会做出一定的反应。

第三阶段 互补的相互作用阶段:小朋友们在一起,会有互补的角色游戏出现。躲猫猫时,一个找,一个藏,就是属于这个时期孩子所玩的游戏。

孩子不合群,通常表现为怕人、怕生,不敢跟其他的小朋友玩。而心理学中所讲的不合群现象,是指儿童在同龄人交往中表现出来的孤独、寂寞,或懒于交际的一种特有心态。这个时期的孩子通常处于第三阶段。不合群的情况分很多种,每种情况各有几种不同的原因。

有一种小孩,天生性格内向,不爱讲话。有人接近时,他们会表现出胆怯害怕的神情。对别人的呼喊反应不大,也不愿意跟别人打招呼。这属于语言及认识方面异常。那是什么原因造成孩子语言认识异常呢?

原因一 过度忽略了孩子

父母工作繁忙,经常让孩子一个人玩,孩子适应了家庭环境,不懂得如何与外面的孩子形成友好关系。

原因二 过度保护

有些家长怕孩子到外面被其他小孩带坏,又怕孩子受了欺负,于是就把孩子关在家里,阻断了他与外界小朋友的交流,时间一长,孩子性格就会变得孤僻。

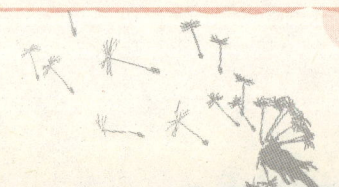

行为4　不合群、怕人

原因三　父母教育的忽略

现在的父母为了不让孩子输在起跑线上，要求孩子从小学习多种技能，把培养孩子的重点放在提高孩子的文化素质上，忽视了孩子的交往能力。

这种情况多数是父母的因素隔断了孩子与外界的交流，使孩子对外界事物敏感，产生畏惧。

孩子不合群，还有一种情况，在家活泼开朗，跟大人玩得特别开心，但是一到幼儿园，便自己一个人呆在角落里不说话，看着别人玩。这种在社交能力上的缺陷有以下三种原因：

原因一　在家时，大人总是让着孩子、娇惯着，生怕孩子受一点委屈。当孩子处在集体环境中需要协商、妥协、让步时，就不知道如何是好，感到十分困惑。

原因二　在家时，父母过度赞扬孩子。在集体中，孩子没有凸显出优越感，就觉得自己不如同伴，因此丧失信心。

原因三　有些孩子家庭条件优越，到幼儿园时，自我感觉良好，觉得其他小朋友都不如自己，优越感使得他远离群体，只愿意一个人玩。

这类小朋友的家长不能过分溺爱孩子，否则，孩子很难适应外面的生活。在家如鱼得水，在外面则过得很不是滋味，会增加孩子对家庭的依恋，不利于孩子将来独立意识的培养。

另外，有一些孩子，自我中心意识太强烈。遇到不顺心的事，便用暴力解决问题。小朋友都不喜欢他，孩子遭到群体的排斥，便会不合群。这种情况下，孩子父母平时经常采用暴力体罚孩子，孩子模仿父母的行为，对不顺自己心意的事，便采用暴力解决。

这类孩子更需要父母的关爱。孩子难免做错事，家长要用爱心和耐心帮助孩子。单纯的暴力方式，对孩子的身心会造成很不利的影响。孩子在正确的引导下才能对世界有正确的认识。孩子通常会模仿父母的举止行为，并把他们所模仿的事带到自己的生活圈中。

总之，孩子不合群一定是家庭教育的缺失。父母唯有早日发现问题，用热情和耐心，找到正确的方式帮助孩子克服心理障碍，才能使孩子活泼健康地成长。

父母高招：玩，让孩子走进人群

孩子到了三岁以后，会表现出逐渐增强的交往需要。如果孩子总是自己一个人玩，爸爸妈妈就应该探寻原因，拟定合适的方案，帮助孩子走出心理阴影，和其他小朋友一起分享快乐。

情况一　孩子在家和在幼儿园表现一样，都不爱说话，常常自己一个人玩，甚至自言自语。

这样的孩子天生性格孤僻，心理压抑，不愿意接受别人。爸爸妈妈可以从以下几个方面来进行改善。

1. 先让宝宝跟家里人亲近。如果父母因为工作较忙，常常让孩子一个人玩，这就需要爸爸妈妈用爱来温暖孩子的心。这样的孩子从小缺乏关注，长期得不到关心和爱护，性格孤僻。孩子不是吃饱穿暖就够了，他还需要精神依赖。在家时，家长可以花时间陪孩子过家家，一起看动画，睡觉前讲一些小故事给孩子听。

2. 孩子跟家里人亲近之后，就要带孩子多接触外面的世界。让他学会和同伴相处，从中体验到快乐。家长可以先主动请别的小朋友一起玩，这样孩子会慢慢习惯有同伴的生活。等有一天，孩子就会主动找同伴，融入到集体生活中去。

3. 孩子在集体中时，很容易因某些原因被排斥在外。例如，孩子能力较差，在游戏中不能很好地配合同伴。这种情况，会使孩子遭到拒绝。这需要老师和家长共同配合，提高孩子的活动能力，使孩子掌握与同伴交流的技巧。

4. 多带孩子到公共场所。例如，在超市，可以让孩子主动去和导购员交流，获取孩子自己想要的东西或者让孩子去结账。平时打的时，可以让孩子跟司机交流，告诉司机要到哪里去。总之，多给孩子创造与外界沟通的机会。

情况二　孩子在家玩得愉快，在幼儿园却喜欢独处，总是一个人默默地看

行为 4　不合群、怕人

别的孩子游戏。

这种情况下,孩子的不合群是由家长过分溺爱造成的。孩子在家是"小皇帝",在幼儿园里不是想干什么就干什么。如果要求得不到满足,或者觉得自己条件优越,就不爱与不如他的小朋友一块玩。这样的孩子也是自我中心意识强烈,觉得在家自由自在,对幼儿园的生活没有兴趣。

此时,家长需要"狠"下心来,不能对孩子爱过了头,否则会使孩子欠缺人际交流方面的技能。

情况三　性格古怪,与别的小朋友一起玩总是不欢而散。不是弄哭这个,就是推倒那个。结果,大家都不愿意跟他玩,他遭到群体排斥。

首先,父母要做好榜样,不能在孩子犯错时,总是施加暴力。

其次,要告诉孩子遇到争执时要怎么做,有时候是同伴没有道理,就应该用合理的方式解决。比如,同伴在幼儿园抢了孩子的玩具,可以和同伴协商交换玩具或者大家一起玩。

第三,教孩子如何平静地面对问题,遇到不开心的事时,可以选择告诉家长或老师。

第四,制定目标,约定如果争吵次数减少,就带他去游乐园玩。

第五,如果孩子仍然犯错,长期教导没有好转,就要事先告诉他,如果再喜欢捉弄别人,就要受到处罚,并且会说到做到。

总之,要使孩子从不合群到合群,并不是一朝一夕的事。如果家长能从多方面考虑问题,平时有意识地培养孩子的交往能力,一定能为孩子良好人格的形成打下坚实的基础。

管教过严是不可取的，特别是一些初为人父母的，由于缺少管教孩子的经验，会经常出现这种现象。

父母过于严肃，孩子容易不合群

其实，管教孩子就像是骑马，如果你不懂得配合马的动作和对待马的方法，只会使用鞭子，最后人和马都累。

而那些有经验的骑士，则会轻松自然地顺应马的动作和节奏，从而更好地指挥它。

可见，在教育孩子时，父母应该先放松心情，和蔼地和孩子沟通，才能更好地指导孩子进步。

行为  不听指令

行为表现：你说东，他偏往西

妙妙今年三岁了，最近为了她的事，妈妈可真头疼。妈妈说东，妙妙偏往西。这可怎么办才好？

周末，妙妙一家一起到公园野餐。妙妙开心极了，一路上牵着妈妈的手，哼着歌，蹦蹦跳跳的。妈妈发话了："妙妙呀，走路要看路，好好走，蹦蹦跳跳不小心绊到石头会摔跤的，到时候，哭鼻子别哭花了脸哦。"妙妙一听，反倒推开妈妈的手，不让妈妈牵了，还一路小跑到公园。这举动让妈妈担心死了。

到了公园，一家人找了个空地，一起分享准备好的零食。妈妈又交代了，"妙妙，垃圾不能乱扔哦，妈妈这里有袋子，要是有垃圾，就放妈妈这里的袋子来。"妙妙正吃着香蕉呢，吃完之后，香蕉皮啪啦一扔，掉地上了。妈妈有点生气了，怎么刚刚叫她别乱扔垃圾，她就不听话了，偏偏把垃圾扔在地上。

这时，旁边的一个孩子正看着妙妙手里的布娃娃发呆。妈妈一边拣起妙妙扔的香蕉皮，一边跟妙妙说，"妙妙，拿着布娃娃跟旁边的小朋友一块玩好不好？""才不！"妙妙一边说不，一边把小朋友的玩具抢在手里。

妈妈一下子脾气来了，冲着妙妙就喊："妙妙，把玩具还给人家，再不还妈妈

打你了！怎么越来越调皮了！"说着，还伸手做出要打妙妙的姿势。妙妙吓得一直往爸爸怀里躲。

心理语言：我不知道该怎么做

幼儿在3~4岁的时候，自我意识有了显著的提高。孩子的活动范围每天都在扩展。一开始，孩子对母亲是全面依赖，后来渐渐地独立起来。遇到很多事情孩子都想要自己做。对于爸爸妈妈的帮助和劝导，总要用"不"来表示抗议，这是孩子的第一反抗期。

每个孩子都有不听话的时候，特别是在2~3岁期间。这是孩子心理发展的必然阶段。其实，处在这个时期的孩子不一定知道自己究竟想要表达什么，他们只是常常使用"不"来应付周围的一切，来表现这个年纪应有的自信和独立。

那么孩子在两三岁时，为什么会喜欢跟大人唱反调呢？

自我意识的增强

孩子一岁之后，就会慢慢发现自己是一个独立的个体，会慢慢学会自己做一些事，比如学着自己走路呀。这是孩子自我意识发展的初期。等到孩子三岁左右，则要去探索更广阔的空间，会用明确的态度告诉大人："我不属于任何人，我是一个独立的个体"。

孩子在这个阶段，已经懂得了什么事情是他想做的，什么事情是别人让他做的。他会用抗议来表达自己的立场。

孩子自身的需要

在这个时期，孩子具有较强的身体活动能力，很多事情都想要自己去完成。他们不希望在父母的指挥下探索新鲜的事物。所以他们不断地扩大活动范围，但是这些范围往往会受到家长阻拦，因此孩子会反抗。

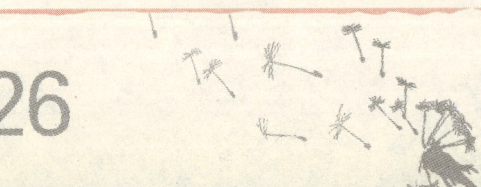

行为 5　不听指令

夏天到了,玲玲家买了新的风扇。玲玲可从来没有见过这个东西,一时很感兴趣。可是当玲玲走近时,就听到妈妈说:"玲玲,不准碰哦,这个很危险。"玲玲就不听话了,妈妈越这样说她越好奇。

最后,玲玲还是会忍不住伸手按按开关之类的。

发展不成熟

两三岁的孩子在行动上已经有了很大进步,可是在思维方面,他们是不成熟的。他们没办法理性地控制自己的情绪。遇到不满的情况,通常采用最直接的方式表现出来。比如,大声叫喊、吵闹等等,或者直接跟大人说"不!"其实孩子并不是有意跟大人作对,他只是不会像大人那样理性委婉地拒绝别人的要求。

想要证明自己的能力

父母总是担心孩子不能做这个做那个。走路时,要牵着孩子。吃饭时,要一口一口地喂。连孩子上下床也十分担心。孩子到了这一年龄,都想做一些事情让爸爸妈妈知道"我能行"。

就拿吃饭的事来说吧。饭桌上,家长不让孩子自己动筷子,孩子反而觉得很不自在,不管你怎么不让他动,他总是想要用手去抓食物,结果弄得全身上下都很脏。这个时期的孩子想要证明自己已经可以动手吃饭了,希望得到爸爸妈妈的肯定。孩子跟家长对着干,并不能都怪孩子。家长也要思考自己的教育方式是否正确。

有一些家长思想陈旧,仍然认为"棍棒底下出孝子"。在对孩子的教育中,讽刺挖苦孩子,强烈地伤害了孩子的自尊心。孩子会对家长产生排斥,对家长的话当然也不以为然。

有一些家长不断给孩子灌输自己的思想,唠唠叨叨没完没了。一遇到孩子做作业,就在一边说:"这个要多注意,那个可以少花点时间。"最后让孩子失去了对学习的兴趣,产生厌学情绪。以后再让孩子读书,孩子就会表示抗议。

甚至有一些家长,不顾孩子的意愿,强行给孩子安排每天必须要做的事。今天要画几张画,弹几个小时钢琴,背多少唐诗,九九乘法表要读到哪里。不给孩子留下一点自由的空间,弄得孩子筋疲力尽,做事提不起精神,失去他们本来应该有的灵性。

这样急于求成的做法,会让孩子什么都做不好,使孩子做事失去信心。孩子的不满情绪日积月累,最后对家长产生敌对的心理。于是,家长叫往东,孩子偏偏就往西。

父母高招:做孩子"同战壕的战友"

从孩子第一次对家长说"不"时,父母就该提高警惕。孩子可能已经意识到自己可以掌握自己的行为,不愿意别人来干涉。

但是,孩子如果到了三岁左右还没出现反抗就不正常了。研究表明,孩子在三岁左右没有出现反抗期,长大后经常精神不振、意志薄弱。对这些儿童进行长期的心理辅导,效果却不明显。

那么家长怎么帮助孩子安全度过这个特殊的阶段,使孩子的身心得到更好的发展呢?

首先,有一些家长望子成龙,对孩子的将来抱着很大希望。常常在自己的孩子面前夸奖身边优秀的孩子,希望自己的孩子也能努力一点,也能像他们一样优秀。其实,家长对孩子抱有希望本身没错,但是,在孩子面前常常提起别人的优点,孩子会认为自己怎么做都做不好,干脆什么都不做了。孩子对自己失去信心,也因此远离父母。

所以家长要改变教育观念,不能把望子成龙的心情表现得太强烈,给孩子适当的鼓励,才能让孩子找回自信。

第二,不要用成人的思维方式来教育孩子。

林太太一家在超市购物,给儿子买了新的玩具赛车。正好,同事牵着他的孩子小宝过来问好。林太太看到小宝一直盯着儿子的玩具赛车,便对儿子说:"明明,赛车给小宝玩一下。"明明玩得正开心呢,没空理妈妈的话,仍旧自己玩着。林太太刚想上去抢玩具车,被站在一旁的林先生拦住了。林先生蹲下来跟儿子说:"明明把赛车给小弟弟玩一下好不好,我知道明明最会照顾弟弟了。"于是明明很大方地把赛车递给了小宝。

行为5 不听指令

林太太觉得儿子不懂事,是按照成人的标准来衡量孩子。在遭到儿子反对后,还准备采取行动来阻止儿子不懂事的行为。这样做会使孩子对家长产生敌意,认为妈妈总是跟自己作对。而林先生所采用的教育方式就不一样了,用平等的口气跟孩子商量,孩子自然会懂其中的道理。

第三,家长不要用命令式的口吻跟孩子说话。

孩子在自我意识还没确立的时候,会很听家长的话,家长说什么,孩子就会服从。但是到了孩子认识到自己也可以独立完成一些事的时候,会慢慢发现家长也不是完全正确的。在潜意识里,他会对家长提出的要求不满。如果家长态度过于强硬,往往会导致两种结果:

一是把孩子的独立意识强行压制回去,孩子逆来顺受。这样的孩子长大后缺乏判断力,父母说什么就是什么,不愿意跟父母沟通。

二是你说东,他往西,就是要和你对着干。用故意反抗来表达心里的不满,并在反抗中获得成就感。

孩子在这个时期有自己的思维方式,会对父母的话进行筛选。父母要多理解孩子,多跟孩子沟通。以下几个方法家长可以采用,以帮助孩子度过这个特殊时期。

第一,给孩子提供选择,当然这个选择必须在合理的范围之内。例如:"吃完饭就可以到小朋友家里玩,不吃饭就不能去了。"这样,让孩子选择吃还是不吃。

第二,给孩子安排合理的作息时间。规定每天什么时间可以玩。给孩子的时间要符合孩子的年龄特点。安排时不能让孩子总是做功课,而玩的时间只有一点点。要站在孩子的角度,衡量到底多少时间合适。

第三,如果孩子还是逆反,就要对孩子实行一些惩罚。这里的惩罚不是指皮肉之苦。例如,孩子喜欢搭积木,那今天就不给孩子积木玩,并且要向孩子交代为什么要这样做,让孩子知道自己哪里做错了。

第四,利用孩子好胜的心态。孩子不穿衣,你可以说:"呀,原来我们家宝宝不会穿衣服"这类的话来激他。孩子都是争强好胜的,就会做出反应:"谁说我不会,我穿给你看。"这种方法还可以增强孩子的自信心。

幼儿园放学之后，两个孩子因为争抢大积木而争执起来。此时，一个孩子的母亲迅速地走过去，帮助自家孩子。另一个孩子的母亲看在眼里，本想过去帮帮孩子，但转而一想，何不让孩子自己处理呢？于是静坐一旁……

挑战，
孩子快速成长的跷跷板

母亲在旁边，不时地关注这边的动向。只见孩子憋红着小脸与那位家长争辩了几句，虽然声音不大，表情也有些紧张，但他还是在力图说明什么。后来，他和小女孩一起骑上大积木玩了起来，很快就把刚才的事抛到了脑后。

孩子与大人争执，对于孩子来说是一个挑战。因为双方的力量悬殊，孩子心理上首先就认为自己不可能战胜对方，可孩子还是做了，所以，这位母亲处理得很理智。

孩子们的问题更多地应该让孩子自己去面对，去解决。只有这样，他才可能学会应付各种困难。大人过多参与只会助长孩子依赖大人的心理。如果孩子确实做错了事，家长在事后一定要就事论事地对孩子讲清他错在哪里，有哪些地方需要注意。另外，对孩子受到的委屈也要表示理解并适当给予抚慰。

行为 6

不按父母说的做

行为表现：故意不听话

现实生活中，大多数的家长们都会遇到这样的问题：乖巧可爱的宝宝慢慢地变得执拗起来了，变得不听话了。于是，家长们绞尽脑汁，打骂哄骗，什么招数都用上了，但效果并不怎么好。幼儿园的张老师最近就遇到这样的事。

幼儿园有个孩子叫小伟。他是一个挺乖的孩子，平常不爱调皮捣蛋。但最近不知道怎么了，小伟越来越不听话。上美术课时，老师让孩子画画，小伟坐着一动也不动。刚开始的时候，张老师不怎么在意，可是都十几分钟过去了，小伟还是没动手画画。于是，张老师走过去说："小伟，怎么还不画画呢？"

"我不画。"小伟低下头小声地说。

"为什么不画呀，你看，其他小朋友都动手画画了，小伟也跟他们一起画，好不好？"张老师面带笑容对着小伟说。

"我不喜欢画画。"小伟深深地埋着头。

"那小伟，老师跟你一起画好不好？"

这回，小伟埋着头，一句话也不说了。

张老师觉得奇怪了,小伟怎么突然不听话了呢?

心理语言:我不知道自己能不能做好

随着孩子慢慢长大,乖巧的孩子变得不听话,很多家长都在为此苦恼。那么,是什么原因让孩子变得执拗呢?家长又该采取哪些沟通方式或者运用哪些行为规范来处理孩子的这种不听话呢?

首先,家长应该认识到,孩子从一两岁到四五岁,身体的各方面特别是大脑已经在不断发育,思维也在发生着转变。

也就是说,孩子已经会用自己的想法去看外面的事物。这些想法是富有独立性和创造性的,是很多家长不能理解的。有些家长还会因孩子的奇特想法而生气,殊不知这才是孩子可爱的地方,也就是我们所说的童心、童趣。

那么孩子这么可爱,为什么很多家长还在说他们不听话呢?最主要的原因就是一个"急"字。家长担心孩子做不好,担心孩子变坏。孩子一有什么苗头家长马上就兴师动众的。

家长巴不得孩子一转眼就成长为一个优秀少年。家长这种急切的心理给了孩子很大的压力,孩子担心不能达到父母的期望值,怕做不好干脆就不做,于是就用"不听话"来面对。

所以,孩子不听话,家长不能一味地认为是孩子故意不听话。这只是表面的现象。家长要站在孩子的角度,去了解在这个表象的后面隐藏着孩子怎样的情感,是担心、害羞还是缺乏自信、害怕挫折等等。

年轻的许女士最近也有这方面的困惑。

许女士的孩子已经三岁了。三岁的小宝有一个特点,就是声音很大。而且,小宝平常看动画片的时候还喜欢跟着动画片里面学说话唱歌呢。

看着孩子这么活泼可爱,声音洪亮,许女士心里可高兴了。平常要是家里来客人,许女士都会让小宝唱首歌或者读首诗。

周末,许女士带着孩子来到小区旁的一个公园。一大早公园就已经很热闹了,很多家长都带着孩子来这边玩耍。公园里都是孩子的欢笑声。

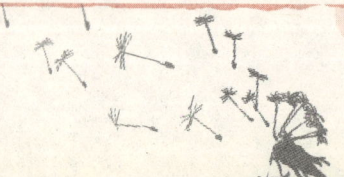

行为6　不按父母说的做

孩子都无拘无束，很快就玩在一起。许女士刚叫小宝去玩，小宝就跟那些小朋友打打闹闹了。看着小宝跟小朋友玩得那么高兴，许女士就想让小宝唱歌给大家听。

于是，许女士走到孩子旁边，笑着对小宝说："小宝啊，唱首歌给大家听好不好？"可是，小宝只是转过头看了下妈妈就又跟小朋友玩去了。

许女士想，孩子今天怎么不唱歌啦？还是孩子没听清楚？

这次许女士直接走到小宝身边，拉着小宝的手，说："宝贝呀，唱首歌给大家听，好不好？"

"不要，我不唱歌。"小宝转过头来对着许女士说。

"宝宝怎么不唱歌啦？"许女士觉得奇怪了，平常都喜欢唱的。

"我不会唱歌。"小宝说。

"小宝唱歌好听着呢，怎么不会唱歌呀？"许女士又问。

"我唱歌唱得不对。"小宝委屈地说。

听到这里，许女士终于明白过来了。那是几天前发生的事了，没想到竟然让孩子不敢唱歌了。

事情是这样的。

前些天，许女士的妹妹来家里。小宝又像以往一样唱歌给小姨听。小宝唱到第四句的时候唱错了，把两个字给唱混了。

于是，小姨就打断小宝说："小宝啊，是蓝蓝的天空白白的云哦。来，再重新唱给小姨听。"

"……白白的天空蓝蓝的云，"小宝唱到这里又唱错了。

"小宝又唱错啦。天是蓝的云是白的。再唱一遍给小姨听。"小姨再次纠正。

"我家住在……白白的天空蓝蓝的云，"小宝又唱错了。

唱了几次都是这样，刚好许女士切好了水果，于是小宝就没有再唱，大家一起吃水果了。

今天小宝说不会唱歌，原来是怕唱错而不敢唱了。

父母高招：沟通与理解，鼓励孩子尝试

明白了孩子不听话的原因，我们知道，在孩子心里肯定藏有我们所不了解的情感。

所以，作为家长，应该试着与孩子沟通，理解孩子。当孩子执拗不听话时，家长首先应该弄清楚事情的原因，然后再与孩子平等地沟通，用正确的处理方式慢慢地引导孩子。

有一点特别要注意。与孩子沟通时，一定要克制自己的情绪。不能发火，不能惩罚孩子，更不能随便打骂孩子。

家长与孩子交流时一定要有耐心。没耐心的专制的做法，孩子会抵触，会更加反感。

同样，家长的压制、束缚，会让孩子觉得难为情或者没信心。孩子会觉得自己的想法和做法受到威胁，他们就会更执拗，就会用"故意不听话"这种方式来面对家长。

最近，苏女士就经常碰到孩子的"故意不听话"。

小芳芳今年已经五岁了。芳芳在家乖巧活泼，在幼儿园里也不调皮捣蛋，是个好孩子。家里爸爸妈妈夸，学校里老师也说这孩子听话。

可是这几天，乖巧的芳芳变得不听话了。叫芳芳吃饭，芳芳就是要看电视；问芳芳老师有没有布置什么作业，芳芳又跑出去玩了。

苏女士觉得奇怪，芳芳这孩子平常挺乖的，怎么这几天就不听话了呢？像刚才，明明都煮好饭叫芳芳吃，芳芳又非要再多看会电视。

苏女士是个细心的人。她知道，芳芳一直都是个乖巧的孩子，不可能一下子就不听话了。这肯定有什么隐情。

于是，苏女士也不着急叫孩子吃饭了。苏女士觉得应该跟孩子多说说话，看看孩子心里在想些什么。

"小芳，这是什么动画片啊？"苏女士坐到孩子旁边。

"大灰狼和小灰狼。"芳芳转过头来对妈妈说。

行为6　不按父母说的做

"小芳芳这么喜欢看大灰狼呀,连饭也不吃啦。"苏女士紧接着问。

"不呢,要吃饭。"芳芳小声说。

"那妈妈叫吃饭你怎么不吃呀,还看电视?"苏女士又问道。

"妈妈叫就不吃饭,妈妈不叫我才吃饭。我要不乖。"芳芳说。

"要不乖?芳芳怎么要不乖啦?"苏女士糊涂了。

"不乖才有小红花。"小芳芳突然冒出这句话来。

这下苏女士是真的糊涂了。不乖才有小红花?仔细一想,小芳芳这星期是没有拿小红花回家。难道还真的是小芳芳平常乖才没有小红花?

事情肯定不是这样的,一定有什么原因让小芳芳理解错了。于是,苏女士又问起了小芳芳。

"不乖怎么还有小红花啊,芳芳告诉妈妈好不好?"苏女士故意问孩子。

"小亮都不乖,他就有小红花。"芳芳不满地说着。

"小亮不乖,那老师还会给他发小红花呀?"苏女士又问。

"他都不乖的,现在老师说他会排好队就给他小红花了。"

听到这里,苏女士算是明白了。应该是小亮平常都不乖,都不排好队。现在会好好排队了,老师为了鼓励孩子,就把小红花当作奖励发给了小亮。而芳芳不懂得其中的原因,看到小亮平常都不乖反而有小红花就也想学着不乖。

想清楚了小芳芳想学不乖的原因,苏女士接下来就把这个道理耐心地说给小芳芳听。让小芳芳明白老师发给小亮小红花并不是小亮不乖,而是小亮会排好队了,这是老师对小亮的鼓励,意思是想让小亮以后都乖都排好队。

看了上面这个例子,家长就会知道,跟孩子相处,关键是沟通、理解、引导。家长要以平等的态度对待孩子,用孩子能接受的方式,循序渐进地使其明是非、知曲直。

社会心理学研究表明,家长与孩子以民主方式进行交流,对孩子独立性的培养大有好处,在管束压抑的气氛中,是很难培养出创造性人才的。

每个孩子在不同的时期接受不同的教育，都会自然发展成一种思维方式。那些从小被教育成为"听话"的好孩子都很安静、遵守纪律、认真听讲，老师说什么就是什么，形成了惟命是从、严格遵守老师教诲的性格，所以深受老师喜爱。可心理学家指出，往往"听话"的孩子成为问题儿童概率也要大。

"听话"的孩子问题多！

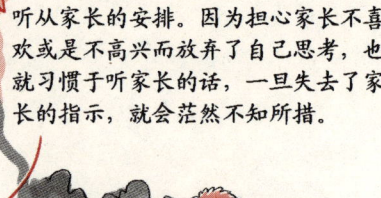

"听话"的孩子所做的一切都是听从家长的安排。因为担心家长不喜欢或是不高兴而放弃了自己思考，也就习惯于听家长的话，一旦失去了家长的指示，就会茫然不知所措。

孩子没有独立的意识，自然缺乏独立适应环境的能力，长此以往还会导致孩子心理不健康以及人格上的缺陷，甚至束缚孩子智力的发展。而这些所谓"听话"的孩子，有问题也不敢讲，更不会有什么学术和道理的辩论。

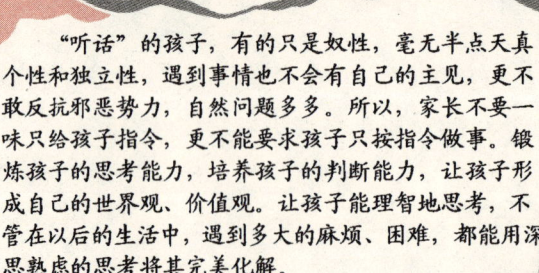

"听话"的孩子，有的只是奴性，毫无半点天真个性和独立性，遇到事情也不会有自己的主见，更不敢反抗邪恶势力，自然问题多多。所以，家长不要一味只给孩子指令，更不能要求孩子只按指令做事。锻炼孩子的思考能力，培养孩子的判断能力，让孩子形成自己的世界观、价值观。让孩子能理智地思考，不管在以后的生活中，遇到多大的麻烦、困难，都能用深思熟虑的思考将其完美化解。

专家总结

行为 7 说谎

行为表现:"我爸爸比你爸爸厉害多了"

孩子到了两三岁,家长就会发现,他们开始会说谎了。不过,孩子说谎可不同于大人说谎,孩子的谎话通常伴着天真幼稚的气息,孩子是在没有恶意的情况下说谎的。看看,这几天,三岁的缪缪就"谎话"连篇。

幼儿园里,孩子们在自由活动时间聚在一起,说起了爸爸。

一个小朋友很神气地说:"我爸爸可以把我扛在肩膀上,让我骑马。有一次,去动物园看表演,人可多了,我什么都看不到。爸爸一下子把我扛在肩膀上,可高可高了,什么都看得到。"

可爱的青青说话了:"我爸爸是工程师,比你爸爸厉害。你们家的房子、街上的路,就连幼儿园,都是我爸爸建造的。"

缪缪听不下去了:"我爸爸比你爸爸厉害多了,我爸爸是警察,抓了很多小偷。有一次,一个阿姨的钱包被偷了……"

"哇!你爸爸可真厉害!"小朋友们听到这里,纷纷表示羡慕。

缪缪一下子神气了不少,还眉飞色舞的准备讲"警察"爸爸的下一个故事。

心理语言：谎话就是我的愿望

孩子说谎经常让爸爸妈妈感到十分为难。研究表明，学龄前后的小朋友没有明确的道德观，他们并不知道什么是真的，什么是假的，什么是对的，什么是错的。他们只会尽力让自己开心舒适。

幼儿说谎可分为两种情况，一种是无意说谎，另一种是有意说谎。

幼儿无意说谎是指孩子没有故意说谎骗人的动机，说谎时不会出现紧张、恐惧的情绪。孩子并没有意识到自己在说谎。孩子无意说谎有两种情况：

一是孩子对语言认识不深，表达错误。孩子学会语言，是从对大人的模仿开始的。很多词汇他们似懂非懂。有时孩子会混淆语言的含义，说话时词不达意。这种现象，会伴着孩子年龄的增长慢慢好转。

二是孩子把想象和事实混淆了。孩子年纪小，常常分不清现实和想象，把希望得到的东西当做已经得到了。

今天，妈妈发现红红从幼儿园回家后手里一直握着一朵小花。

妈妈就问了："红红，这花是谁的？"

"是妈妈给我买的。"红红说。

妈妈纳闷了，她什么时候给孩子买过花呀？孩子怎么就学会说谎了呢？而且这么容易就被拆穿了。

其实，红红并不是刻意要去说谎。只是孩子一直希望妈妈给她买一朵小花。这时孩子说谎只是想要表达某种愿望，并没有故意想要骗人。

这种情况出现时，家长也不必过分担心。想象跟现实混淆的情况会伴随着孩子的成长而越来越少。

孩子有意说谎，是指孩子在说谎时，知道自己讲的并不是实话，有时候，还会有强烈的心理不安等情绪出现。孩子有意说谎，其实也是有原因的，一般是孩子在精神或物质得不到满足时，才会编造谎言。具体分为以下几点：

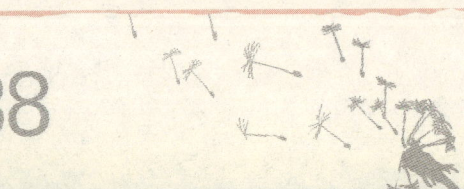

孩子为了逃避惩罚,有意说谎

上周末明明在家里玩,不小心把家里的花瓶打碎了。妈妈买菜回来,看到碎了的花瓶,严厉地斥责了明明。

今天,明明玩过家家把茶杯打破了。妈妈回来就问明明了:"谁把茶杯弄破了?"

明明不敢承认,说是猫咪碰到的。

孩子会说谎,是为了逃避大人的谴责。懂得逃避,说明儿童已经知道事物的因果关系了。孩子犯了错,对受到惩罚抱有恐惧心理,也害怕失去爱抚,就会出现说谎行为。

孩子为了吸引别人注意说谎

有的为了吸引伙伴的注意,就会编一些故事。这些故事往往是离谱、不切合实际的。

幼儿园的小朋友经常会有这样的语言:"我爸爸可厉害了……","我家的小猫咪,一天可以抓一百只老鼠。"

孩子说的明显是谎言,但是,他们的目的很简单,说出一些有趣的事来吸引同伴的关注。

模仿行为

有时候,大人在孩子面前说假话,孩子听见了,也会模仿。

东东和妈妈一起去买菜时,遇到一个陌生人来借手机。妈妈摸了摸口袋说:"不好意思,刚才太着急了,手机忘记带了。"

东东有点想不通了,妈妈刚才还在路上接了爸爸的电话,怎么会忘记带了呢?

刚到家门口时,隔壁阿姨因为倒垃圾,门被风一吹锁住了,钥匙手机都没带,正着急想打电话叫丈夫送钥匙。阿姨碰到东东的妈妈,就开口借手机了。没等妈妈说话,东东就说:"阿姨,我妈妈的手机也忘记带了!"妈妈一时显得很尴尬。

父母高招:理解孩子的愿望和想象

大部分孩子说谎,并不像大人们想象的那么可怕。儿童的谎言有时候表现出孩子的天真。但是,孩子如果谎话连篇,家长就应该重视了,要纠正孩子的不良行为。

处于语言旺盛期的孩子,无法完全正确认识这个世界。这使得孩子的想象与实际相差甚远。此外,孩子的自我意识开始觉醒,会用想象中的事物来满足自己无法实现的愿望。所以,大人要摸清孩子说谎的根源,不能轻易责怪孩子。

父母平时要以身作则。

孩子成长初期,家长的行为对孩子的影响是最大的。有时候,家长一句漫不经心的谎话会给孩子带来很大影响。当孩子在身边时,家长要尽量严格要求自己,如果家长在不得已的情况下说了谎,事后要跟孩子解释原因。

就拿刚才"借手机"的例子来说吧。东东的妈妈担心陌生人是坏人,不敢把手机借给他。家长说谎的出发点是好的,但是事后没有告诉东东刚才为什么说谎,才会造成在邻居面前尴尬的情形。

家长平时要注意跟孩子建立友好的关系。

作为家长,不能在孩子做错事后,在没有了解原因的情况下,就责怪甚至殴打孩子。孩子在这个时期,已经懂得运用一些技巧来保护自己了。如果家长对孩子过于严格,孩子犯错之后便不敢承认,会用说谎来躲避责任。

如果孩子是由于顽皮、不小心做错事,要耐心地教育指导,才能使孩子勇于承认错误。

家长在孩子说谎的问题上要就事论事,要根据孩子说谎的原因来解决问题。不要这样责怪孩子:"前天因为不想上学谎称肚子痛,昨天因为不想做作业,说老师没布置。今天又⋯⋯那明天你又要说什么谎了?"这种责备的语气很

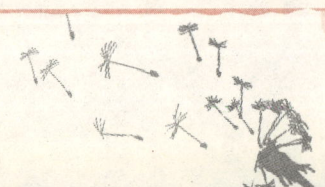

行为 7 说谎

容易伤害孩子的自尊。如果孩子说谎,你可以采用温和的语气:"真的是这样么?小孩子不能说谎的哦。要是肚子痛,妈妈就带你去看医生,看完再去学校。"

如果孩子说出实情之后仍然受到指责,孩子说谎的行为将不会停止。应该在孩子说出实情后,爸爸妈妈想办法跟孩子一起解决,或者体谅孩子说出实话已经很不容易了。这样,孩子才会培养诚实的习惯。

因此,家长应该学着控制情绪,当知道自己有负面情绪时,可以转移注意力,暂时不要在孩子身边。

明明摔破花瓶,在明明承认事实后,妈妈还指责孩子。当明明不小心把茶杯摔坏时,就会选择说谎。正确的做法是,明明的妈妈应该夸奖明明是个诚实的孩子,妈妈很高兴明明能够主动承认错误,并且相信下次明明会做得更好。

另外,家长还可以给孩子适当的暗示。

正面暗示孩子。假如有两个小孩,一个诚实,另一个总是说谎。可以奖励那个诚实的孩子,让那个不诚实的孩子向诚实的孩子学习。

发觉孩子在说谎时,最好不要试探他。

孩子的谎言往往容易被拆穿,很多家长明明知道孩子在说谎,却还反问孩子:"你是不是在说谎呀?"这样,就算孩子在说谎,他也会回答:"不是,我才没有说谎。"

孩子会萌生另外一种想法:"妈妈明明知道我在说谎,为什么还要问我呢?是不是妈妈已经不信任我了?"孩子会渐渐对妈妈失去信心,也会怀疑妈妈是不是真的爱他。

当妈妈发觉孩子说谎时,可以直接对孩子说:"宝贝要是做错事,妈妈不会不高兴的。但是宝贝要是说谎了,妈妈会很不开心。妈妈相信宝贝会如何处理。下次宝贝要是再说谎,妈妈就要处罚宝贝了!"

总之,家长要能理解体谅孩子说谎的行为,用合理的方法教育孩子做一个诚实正直的人。

事件：一个孩子看着同学手上拿着新买的手枪，羡慕不已，却说："告诉你，我爸爸给我买了一个比这个还漂亮的冲锋枪。"

因地制宜地纠正**说谎**

专家分析

这种说谎现象是无意的，只是为了满足孩子自己的虚荣心而已，是攀比心理作祟。

支招：当父母碰到这种情形时，应该多表扬孩子的优点，尽量满足孩子强烈的虚荣心。

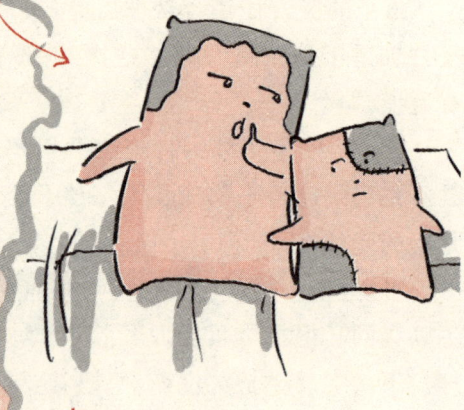

同时，要让孩子知道不能对他人撒谎，要履行对别人的承诺，做错事要及时改正。

行为

不喜欢新事物

行为表现:一个动作百做不厌

小孩子经常喜欢重复做一件事情,反复问一个问题,反复听一个故事。年轻的妈妈们有点担心,以为自己的孩子反应慢,接受不了新事物。到底是什么原因让小孩子不厌其烦地重复做一件事呢?邱妈妈最近就在为孩子的这种"重复"行为苦恼着。

前几天孩子白天睡觉睡多了,晚上十点多了还在床上睁着大眼睛。邱妈妈看孩子没睡着不放心,就耐心地陪在他旁边。

邱妈妈跟孩子一起唱歌,一起学念字,给他讲龟爷爷的故事。半个钟头后,孩子才慢慢睡着了。

第二天晚上。

"妈妈,妈妈,我要听龟爷爷的故事。"孩子要听妈妈讲故事了。

"呵呵,好,宝宝乖。先到椅子上坐着,妈妈忙完就给你讲龟爷爷的故事。"邱妈妈摸摸孩子的头说。

第三天晚上。

"妈妈妈妈,要听龟爷爷的故事。"孩子又来了。

"不是听了几次了吗?还要听啊?"邱妈妈问道。

"要听要听嘛。"孩子撒娇了。

接下来的好几个晚上,孩子都要邱妈妈讲龟爷爷的故事。邱妈妈纳闷了,一个小故事怎么要听那么多遍呢?

心理语言:温故而知新

其实,小孩子喜欢重复听一个故事或者看一个动画片的现象并不是个别的,大多数孩子都不同程度地表现出这一特点。

为什么孩子会特别喜欢"重复"呢?

表面上看起来,孩子似乎不喜欢新事物,其实并不然。孩子的重复行为,主要有两个原因:

第一个原因:孩子本身的性格

这可以看作是孩子的一种个性。每个孩子对待事物的态度都有各自不同的特点。比如看到一个玩具车,有的小孩会喜欢,有的小孩会讨厌,而有的就根本不会去注意它。

孩子的这种个性,会随着年龄增长慢慢地形成和发展。在平常的生活中,也会不同程度地表现出来。所以,有的孩子接触到一些事物,喜欢了,他会粘着不放,想着天天都要有它的存在。

最近在论坛上看到一个妈妈发的帖子。

这位妈妈给孩子买了一套动画片《小火车》。孩子很喜欢,每天都要看一两集。看了一段时间,以前的学认字,听儿歌,孩子都不喜欢了,就只喜欢看这个动画片,讲故事也只听小火车的。

最后发展到什么都是火车。

妈妈教画画,他说:"妈妈要画火车。"

妈妈和他玩积木,他又说:"妈妈要摆火车。"

家里其他的玩具都不玩了,就只要火车。

孩子的这种行为让这位妈妈很着急,不知孩子怎么回事,她四处求助。

其实,这就是孩子很明显的一个特性的表现。

孩子第一次接触到"小火车"就很喜欢。所以在接下来的几天里都想着"小火车",只想着"小火车"。这种重复行为充分体现出孩子的个性。

也许很多妈妈会不理解,想不通孩子为什么会这样。其实,想一下实际生活中,很多年轻人很喜欢周杰伦,一天到晚听周杰伦的歌,就会豁然开朗了吧,只是喜欢熟悉的事物罢了。

第二个原因:孩子心理发展水平

孩子的大脑发育不完全,想象能力、认知能力、记忆力和理解力的发展还不完善。他们不可能像成人一样很快接受新的信息。

所以,一些新奇的语言、画面和动作需要不断重复才能慢慢地被孩子吸收、接受,成为孩子自己的记忆。

相反,如果孩子每次都听不同的儿歌,看不同的动画片,就会出现记不住、混乱而无法接受的现象。而一次次的重复,渐渐地熟悉,就可以很好地避免这一现象。

陈女士最近就发现孩子的这一特点。

陈女士一星期前买了几本图画书给孩子看,其中有一本是《小鸟和蝴蝶》。陈女士之所以对这本书印象深刻,是因为孩子已经看了四五天了还在看。

陈女士想,会不会另外几本图画书孩子不喜欢呢。于是,这星期陈女士又多买了两本给孩子看。

书买回来了,陈女士还特意跟孩子说,"宝宝,你看,妈妈又给你买了图画书了哦。"

可是,孩子对放在面前的新图画书并不感兴趣,看了一眼,就又看起他的《小鸟和蝴蝶》了。

陈女士疑惑了:怎么一本书都看了好几天了,都看完了,孩子还是一直重复地看呢?

孩子就是这样,要反复地、一点一点地看同一本图画书,才会慢慢消化掉书里的内容,孩子也会从中体会到成就感。

父母高招:由他去,让孩子自由成长

重复行为是孩子成长中的一个必然阶段,其实这是一个好的方面。这说明孩子在接触一个事物时,已经在慢慢地认识、理解、接受该事物。

孩子的心理发展水平不同于成人,他不可能在短时间内接受大量的信息,他只有反复地通过看、听来完成。

孩子重复看一个动画时,他首先从动画里吸收的是相应的逻辑,然后是动画的情景,最后是准确的概念。

所以,对于孩子的重复行为,家长们不要惊讶,不要生气,更不要去阻止。家长应该要给孩子自由,让他们自主地去看去听喜欢的事物。相反,如果家长不能理解孩子的行为,去阻止的话,就会对孩子的心理造成伤害。家住安平小区的吴先生最近就犯了这样的错误。

吴先生的孩子小诺今年已经五岁了,从孩子四岁时,吴先生就开始给小诺买图画书看了。

前几天,吴先生听小诺的妈妈说,小诺最近这几天都一直在看一本叫做《小花猫》的图画书,其他的书都不看了。

吴先生当时没觉得有什么奇怪的,可能孩子看得慢还没看完呗。

今天吴先生休假在家,早上就看到小诺在翻着一本图画书,晚上吃饭时,小诺手上还拿着那本图画书。

看到孩子一整天都这么有兴致地在看一本图画书,吴先生就在饭桌上跟孩子聊了起来。

"小诺呀,今天都干什么啦?"吴先生先问孩子。

"看书,玩。"小诺乖乖地回答。

"看什么书啦?要不要给爸爸也看看?"吴先生就是想问这个。

行为 8　不喜欢新事物

"这个,《小花猫》。"小诺高兴地拿出了图画书。

听到《小花猫》,吴先生有点耳熟,接过书一看,吴先生想起来了,这不是小诺妈妈说的小诺一直在看的图画书吗?

吴先生心里纳闷了。他一边随意地翻着书,一边在想,这么简单的一本书怎么看这么久还在看啊?而且书的后面看起来都翻过了呀。

于是,吴先生就试探性地问起孩子。

"小诺这本书看得怎么样?都看完了吗?"

"看完了。"小诺高兴地说。

"呵呵,小诺真棒。看完了就不看了哦。"

"不,好看,要看。"小诺不依了。

"看完了就不看了哦,还有很多书呀,小诺不看这本了哦。"吴先生说着就把书放在桌子上。小诺嘟着嘴没说话了。

第二天晚上,吴先生下班回家。看到爸爸回来,小诺就把一本书藏到背后去。看到小诺把什么藏起来,吴先生觉得奇怪,走过去问小诺。

"小诺把什么好吃的东西藏起来啦?"

"没有。"小诺摇摇头。

"小诺乖,给爸爸看,爸爸不会偷吃你的哦。"吴先生逗着孩子说。

小诺还是摇摇头。

"拿出来!"吴先生假装生气,大声地说。

小诺好像有点怕,就把图画书拿了出来。吴先生一看是《小花猫》,真的有点生气了,一把就抢过来,扔到了柜子上面。

接下来几天,小诺整天都闷闷不乐的,不看书也不爱玩了。

家长都是疼爱孩子的,吴先生也是为孩子着想,只是吴先生不懂得孩子行为产生的原因。家长要做的更多的是放手,给孩子自由选择的权利。

父母如何才能了解到孩子心里最真实的想法

如今，父母和孩子之间经常缺乏沟通，父母对孩子的内心世界无法完全了解，于是代沟也随之产生。那么父母如何才能知道孩子心里最真实的想法呢？

一、学用"平行交谈"法

所谓"平行交谈"，就是指父母与子女一边做些普通活动，一边交谈，重点放在活动上，而不是谈话的内容，双方也不必互相看着对方。

二、只做孩子的顾问，不要无所不问

我们的教育模式中，有一个很明显的特征就是"家长包办制"。从选学校到选择特长，从工作到婚姻，千千万万的父母们恨不得每件事都帮孩子们办好。这样不仅会让孩子们感到不自由，从而产生叛逆的想法，实际上也剥夺了他们锻炼的机会。

三、给孩子足够的空间

给孩子足够的空间，让他们有属于自己的心情，不仅是对孩子们的尊重，也会赢得孩子们的尊敬。

行为

摸生殖器

行为表现：手会不由自主去摸它

孩子在一岁前是处于口欲期，通过口部的活动来获得满足。从一岁开始，孩子会从口欲期转到肛欲期，通过控制排尿排便来获得满足。两岁以后，他们就会对自己的身体部位感兴趣，喜欢皮肤的摩擦等。

孩子的手不由自主地去摸生殖器，是大多数孩子都会做的动作。这是孩子的好奇心所致。

也就是说，这是孩子对身体部位感兴趣的表现，是一种无意识的习惯动作。这跟孩子经常把手指头放在嘴里咬是一样的，并不是家长所担心的孩子"性早熟"。

小江已经五岁了。妈妈给小江洗澡的时候，他就一直玩弄生殖器，一会摸这一会摸那。妈妈把小江的手拿开，没过一会，小江又玩弄起来了。妈妈说话小江也不听。

有的孩子则更频繁。玩具玩了一会不玩了，就摸起生殖器了。有的时候还穿着裤子呢，他也会把手伸进裤子里摸。

所以,很多家长就紧张了,生殖器在我们传统的观念中是一个很羞于涉及的话题,可是孩子反而经常玩弄,这可怎么办呢?

心理语言:这是什么东西啊

很多家长看到孩子玩弄生殖器,都特别反感。因为首先这是一个不雅观的行为,其次又担心孩子是不是性早熟或者有什么怪癖。

要处理好孩子玩弄生殖器的问题,家长应该了解原因,然后才能帮助孩子改正不好的习惯。这其中主要有两个方面的原因。

第一,孩子自身身体的原因

孩子从一两岁长到五六岁,各方面都在发育成熟。特别是身体各个部位,成长得很快。

在孩子成长的过程中,家长们要特别注意,孩子的身体有什么异常之处或者孩子本身有什么异常的行为。如果孩子经常摸生殖器,很可能是不良习惯或炎症及皮肤病刺激导致的。

因为,孩子在生活中会有一些不良的生活习惯或者动作,孩子本身并不知道。然而这些看似没什么大不了的习惯或动作却会影响孩子的身体健康。孙女士的孩子小伟最近就遇到了这样的事。

小伟已经五岁了,长得乖巧可爱。可是这几天,孙女士发现小伟总是把手放在生殖器上面摸,有时还隔着裤子动来动去的。

孙女士看了不高兴,叫小伟别老去碰。还说,如果再不听话就要打小伟的手了。小伟当时会听话不去碰。可是孙女士发现,小伟还是会偷偷地乘她不注意去碰。

这次孙女士真的生气了,打了孩子的手,说:"看你还碰不碰。"小伟有点委屈,告诉妈妈说会痒。孙女士看孩子说得蛮认真,就仔细看了下,发现孩子生殖器周围红红的。

后来孙女士带小伟去医院检查。原来小伟的睾丸周围神经有被压迫的迹

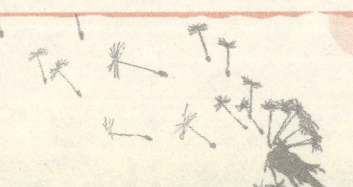

象,导致气血不顺,皮肤痛痒。

所以,孩子玩弄生殖器时,家长应该先弄清楚是不是孩子身体不舒服。

第二,孩子心理方面的原因

心理方面包括两个原因:性心理和好奇心理。

一、性心理:首先应该明确一点,这个性心理并不是家长口中的"性早熟"。弗洛伊德把从性器官得到快感的时期定在三岁以后,这说明孩子从三岁起就有一定的性感觉,他们在朦胧中会对异性感兴趣。

孩子对异性有好感,从玩弄生殖器中得到快感,是孩子成长的一个必经阶段。当他们心理和生理都发育成熟时,就会忘了玩弄生殖器的时候了。

二、好奇心理:这是绝大多数小孩子玩弄生殖器的原因。孩子总是充满好奇心,对外面的世界,也对自己的身体。

孩子会对自己身上的这么一个小东西感到奇怪。特别是当他们玩玩具玩腻了的时候,会把它当作一个新的玩具来玩。

孩子碰它只是觉得奇怪好玩,并没有什么其他的心理。

生活中经常会碰到这样的事情。孩子玩着玩着,手就会不由自主地去碰生殖器,有时还会觉得越玩越好玩。而家长看到了,势必会阻止,有的是吓唬,有的是打骂。孩子都有一种逆反心理,家长不让孩子玩时,孩子会更想去玩。

父母高招:用小游戏改正习惯

明白了孩子摸生殖器的原因,家长应该采取哪些方法来纠正孩子的这一习惯呢?什么方法最直接又有利于孩子的身心健康呢?

首先,家长要有耐性。

耐性是家长教育孩子的前提。孩子是活泼的,也是调皮的。许多家长对孩子的教育,总是得说两三遍孩子才会听,才会去做,等孩子做的时候,也得做好几遍才会做好。

所以,家长面对孩子的错误时,一定要心平气和,要不厌其烦地一遍遍地

说,让孩子一遍遍地做。

其次,家长要理解孩子。

家长要理解孩子,并不是口头上随便说说的。要真正地站在孩子的角度,以孩子的身份来想。这是因为,孩子的心里世界跟成年人的心里世界有很大的区别。在孩子的内心,没有什么是对什么是错,他们没有一定的标准。

对于家长提出的说法或者做法,孩子不会理解不会认同。同样,孩子的世界,家长们也很难理解。所以,家长要能做到换位思考,跟孩子进行平等民主的交流。

再次,家长要适当调动孩子的积极性。

当孩子玩腻了玩具,或者对玩具已经不感兴趣的时候,孩子就会表现出一种懒散的状态。这个时候的孩子懒洋洋的,不想跑不想动,只会玩弄伸手可及的事物。

那么身体就会成为孩子的首选。肚子、肚脐等都会成为孩子玩弄的目标。特别是小小的生殖器,孩子更会经常去玩。

最后,家长可以用小游戏等方法来改正孩子的习惯动作。

用游戏的方法让孩子参与进来是最直接的,也是转移孩子注意力的一种好方法。

当孩子注意力在生殖器的时候,手不知不觉地就会去碰。孩子会觉得奇怪,这是什么东西呢?然后就会用手去弄。而小游戏对孩子有吸引力,因为孩子一般都调皮好动,游戏正好符合孩子的这一特点。用游戏把孩子的注意力转移过来,让孩子专注于游戏中,当孩子心思都在游戏的时候,自然而然地就会不摸生殖器。

所以家长应该多花点时间陪孩子玩,跟孩子一起做游戏,让孩子活泼好动的天性得以充分发展。

同时家长也要注意,虽然说孩子玩弄生殖器并不是所谓的"性早熟",但是,从某方面来说,生殖器也是性的一种。

幼儿时期的性教育是孩子一生中十分重要的时期,它对孩子成年后对性的理解有很大的影响。对此,家长应该要注意以下两点:

第一,要正确回答孩子有关性的问题。

孩子天生对未知的领域有着好奇心,对生殖器、对性也不例外。当孩子对

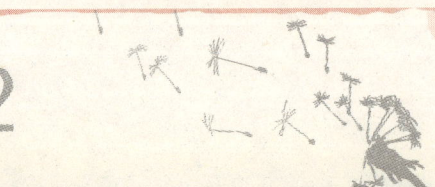

行为9 摸生殖器

这方面产生好奇,发出疑问时,家长应该坦然面对。家长不能打骂孩子,更不能用骗的方法来敷衍孩子,应该把这种疑问看成是对孩子性教育的一个机会。

第二,要防止孩子形成性抑制。

当孩子玩弄生殖器时,家长不能粗暴地打骂。这种方式会让孩子从小形成一种错误观念:生殖器是不好的,是不能碰的,跟生殖器有关的东西也是不好的,也是要被抑制的。孩子的这种心理一旦形成,长大后就有可能出现性冷淡或性无能等一些性功能障碍。

所以,当孩子玩弄生殖器时,家长不必过分担心,要正确对待这行为,让孩子的心理健康成长。

善待孩子的为什么

"没有出生之前我在哪里？死以后我到哪里去？"

"在你肚里时我就叫娜娜吗？"

"有一天你也会不存在吗？"

"蚯蚓也有妈妈吗？"

6岁之前，孩子的问题通常是围绕自己的。比如："妈妈，你是怎么生孩子的？"其实，他是想知道自己是不是因为父母爱他才生他的……当孩子询问"太阳不见了地球围谁转"时可能他担心当父母消失的时候他该怎么办。这是许多孩子担心的问题！

如何帮助孩子呢？儿童图书是最好的帮手。你也可以帮孩子用图片做棵"家谱树"。家谱树上能直观地找到"谁是谁"，能让孩子更好地理解他从哪里来。

行为 10

哭闹

行为表现：哭闹变成一种"策略"

哭，应该是孩子表现得最多的一种情绪。

婴儿时期的哭，是孩子天然的本性。一般是渴了饿了或者哪里不舒服了，他们就会用哭来表达。而当孩子到了两三岁，甚至五六岁的时候，他们的哭会慢慢转变为闹，甚至把这种哭闹变成一种"策略"，以便能得到他们原先得不到的东西。

家庭中经常会有这样的事情。比如说，孩子都比较喜欢吃甜的东西，一天到晚都想吃。但晚上吃甜的东西对牙齿伤害很大，所以特别是睡觉前大人们就不会让孩子吃。

这时孩子就不依了，哭啊闹啊，让家长听了都心烦。有时把嗓子都哭哑了，父母看了非常心疼。很多家长就没办法了，只好让孩子吃了。

有时，父母带孩子上街玩时，孩子看到好玩的玩具就想玩，就要家长买。可是家里已经有很多玩具了，家长不同意。

于是，孩子就哭，有的还坐到地上闹。这时家长又只好买下来给孩子玩了，玩具一到手中,孩子就破涕为笑了。

心理语言:哭闹,他们拿我没办法

从上面的例子可以看出,孩子一哭闹,家长就会答应孩子的要求。孩子似乎也看出了这一点,所以他们更热衷于哭闹了。

这就像是一个恶性循环。以后孩子有了什么新要求,父母不答应,孩子就会哭闹,甚至大发脾气,最后家长还是得满足孩子。这样下去,孩子会越来越得寸进尺,脾气也会越来越大,人也会变得越来越任性。

这样看来,哭闹会让孩子形成一种偏激的性格。那么,到底因为什么原因孩子才会哭闹,而且还乐此不疲呢?

第一,故意哭闹

其实,家长都明白,孩子的这种哭闹是故意哭闹,就是想让父母答应自己的要求。这是最主要的原因。而且一旦要求被满足,孩子就会故技重演,一次次地哭闹。黄女士就经常碰到孩子的哭闹。

黄女士的孩子文文已经六岁了,正上一年级。文文这几天迷上了听故事,天天睡觉前就缠着妈妈,要妈妈讲故事。

孩子喜欢听故事,这没什么不好的,很多孩子都喜欢听故事。可是有的时候都很晚了,该睡觉了,文文还是不睡,还是要听妈妈讲故事。妈妈不依的时候,文文就在床上哭闹。

像今天晚上,都快十一点半了,文文还是不睡觉。躺在床上,睁着大眼睛,就要妈妈讲故事。

黄女士看时间都这么晚了,再不睡对孩子身体可不好。

"文文啊,现在该睡觉了哦,乖乖。"黄女士对文文说。

"不要,还要讲故事。"文文还不想睡。

"不行,文文要听话,现在先睡觉,明天再讲,知道吗?"说了几次了,文文还是不听话,黄女士有点生气了。

行为 10　哭闹

"呜呜,不要,呜呜……"文文开始哭了,还用脚踢被子。

这已经是文文第五次这样哭闹了,黄女士又没办法了,只得答应孩子的要求,又讲起了故事。

孩子就是利用父母的这一弱点,一次次哭闹来满足自己的愿望。

第二,孩子自发性的表现

作为家长,在这个方面要多注意。这个时候孩子的哭闹并不是为了让父母满足自己的要求。

这个时候的孩子有一种"什么事情都要自己做"的欲望,而当事情做不到或者做不好的时候,孩子就会发脾气,要么哇哇乱叫,要么直接睡在地上打滚,有的甚至会乱扔东西。

对于父母来说,这真的是一个很头疼的问题。于是,当孩子想自己做什么事情时,父母可能会不同意。

但是,孩子这种自发性的意欲是成长的表现,家长一般不要去阻拦。有时,父母的阻止,孩子也未必会听。

孩子的哭闹是成长必经的一个阶段,一有什么不高兴的事,孩子就会发脾气、要性子、大喊大叫等等。有趣的是,孩子的大发脾气并不是针对别人,而是冲着自己。

这是孩子这个时期特有的心理。孩子自己想做一些力所不能及的事,做不好了,心里就会慌乱,情绪上一不安定,就会烦躁,接下来就是哭闹,大发脾气了。

这样的例子生活中经常会见到。比如说,孩子看到父母用筷子吃饭,他们就不想用调羹,也想跟父母一样用筷子吃饭。可是,才几岁的孩子肯定不习惯拿筷子,他们有时夹不起菜,有时握不好,筷子都会掉桌子上。如果几次都拿不好筷子,孩子就会有烦躁的情绪,会赌气不吃饭,有的就开始大发脾气,直接把筷子扔出去了。

父母高招：简单的策略，强大的作用

孩子的哭闹，让父母伤透了脑筋。对孩子严厉点，怕对孩子心理有什么影响；对孩子宠爱一点，又担心会惯坏孩子。

那么，面对孩子的哭闹，家长应该采取哪些方法来解决呢？又有什么问题应该注意呢？还是从孩子哭闹的原因入手吧。

第一个原因：故意哭闹

孩子会故意哭闹就是看到父母会屈从于他们的这种行为。是父母一次次对孩子故意哭闹的妥协，才让孩子一次次地想用哭闹来满足他们本来不被允许的要求。

从这里可以看出，其实孩子故意哭闹的主要责任在于父母，是父母一开始的纵容导致的。不过，父母也会有疑问，难道任由孩子哭得喉咙沙哑或者打骂孩子一顿？

答案肯定不是。教育孩子，绝对不能用这些极端的方法，这会对孩子的心灵造成伤害。

家长应该运用一些折中的办法，让父母跟孩子都退而求其次，让孩子慢慢地一点点地让步，直到哭闹起不了什么大的作用，孩子自然就不会再用这招了。曾女士就是用这种办法来解决好琪琪的哭闹问题的。

琪琪是个活泼调皮的孩子。琪琪有可爱讨人喜欢的一面，也有发脾气让人不得安宁的时候，特别是哭闹起来，真是没完没了。

今天，琪琪的外婆来看琪琪，买了好多零食。一个下午琪琪就已经吃了两包饼干了，现在都快吃晚饭了，琪琪还想再吃一包。

曾女士当然不同意了，饼干吃多了会上火，而且等会饭肯定吃不了多少。于是，曾女士就把零食都收到柜子里去了。

琪琪看妈妈把零食都收起来了，就开始哭了："呜……妈妈我要吃，我还要吃饼干，呜呜……"

行为 10　哭闹

"琪琪乖啦,要吃饭了,饼干明天再吃哦。"曾女士开始哄着小琪琪。

"呜呜……我不要,我还要吃,还要吃一包。"小琪琪坐地上闹了。

"不行,明天再吃。赶紧先准备吃饭,要不妈妈打屁股啦。"

"不嘛,我就要吃,呜……"

曾女士说:"如果你还想吃就必须停止哭闹,否则我就不理你了。"可琪琪却没有要停下来的意思,曾女士转身就走进了厨房,没再理她。过了一会儿,琪琪见没人睬她,也就不哭了。

第二个原因:委屈的哭闹

受了委屈而哭闹,在小朋友身上也是经常发生。遇到这种情况,父母必须要先认同孩子的感情,然后再按前文中第 1 种行为语言中所述的办法来处理。

第三个原因:挨批评后的哭闹

有的孩子脾气大,只能接受表扬,受不了批评,往往一批评就会哭闹,面对这种孩子的处理详见第 33 种行为语言。

第四个原因:恐惧的哭闹

当孩子是因为恐惧某种事情或是动作而哭闹时,父母要认真处理。一定要在孩子哭闹时抱抱孩子,让孩子从父母身上找到安全感,只有建立了足够的安全感,孩子才可能摆脱恐惧的感受。

一、再哭就把你丢掉

解析：不论父母是否了解孩子哭的原因，只要说出这句话就会让孩子没有归属感，他们觉得连发泄自己的情绪也可能被父母丢弃，甚至有被落井下石的感觉。

正确做法：父母应该了解孩子哭的原因，先转移他的注意力或给予支持，若孩子不愿意谈，则允许他发泄情绪，等他哭完后再好好讨论。若父母真的受不了孩子的哭声，也可直接表达自己的感觉，像是"你一直哭会让我觉得心烦，我不知道你需要什么，你要不要跟我说"，父母不妨先把自己的感觉说出来，以引导孩子说出原因。

教孩子，不是要吓孩子

二、再不听话就叫警察来抓你

解析：警察或医生，往往会成为父母管教时的利器。有些人可能也发现，即使长大成人，看到警察还是会有些恐惧，这都是因为长辈为这些职业加诸权威所致。此说法会让孩子对该角色产生错误的认知，认为警察、医生是不好的，等到孩子真的需要看医生时，便怎么也不肯去了。另一方面，家长也不可能真的请来警察、医生惩罚孩子，当孩子发现真相后，会失去对父母的信任感。

正确做法：家长不应将其他职业的角色污名化，应反省自己说这句话的目的是否只想吓孩子。当孩子不听话时，应该和孩子说道理。

三、一直看电视会变笨

解析：家长都不希望孩子老是盯着电视看，一方面影响视力，一方面可能也影响学习或思考逻辑。其实，看电视和笨蛋并没有直接关联，而且对爱看电视的孩子来说，此举一点效用也没有，因为他或许还能从电视上获得乐趣和知识。

正确做法："做什么事会变笨"绝不是有效的教养语句，父母应该直接口述希望孩子做的事，并把原因明白说出，像是"看电视可以，但是不希望你看这么久，之前我们也已经说好看电视只能看30分钟。"

行为 11

嫉妒

行为表现：不许爸妈碰别的孩子

  嫉妒是一种自然反应。专家指出，孩子从一岁开始就会产生嫉妒心理，在三岁左右会表现得更加具体。孩子的嫉妒心理首先是因母爱产生的，在母爱上也表现得十分明显。

  今天，妈妈送欢欢去幼儿园。
  妈妈刚把欢欢抱下车，就碰到同一小区的张先生带着孩子来上学。欢欢的妈妈觉得张先生家的孩子实在可爱，就捏了捏孩子的小脸。
  哪知道，欢欢看着很不开心，急忙拉着妈妈的手，还大声叫嚷："妈妈，快走，我要迟到了。"欢欢撅着嘴巴，用力拉着妈妈往幼儿园门口走去。
  欢欢的妈妈没有发现欢欢不开心的神情，对欢欢说："那我们跟张叔叔的孩子一起进幼儿园好不好？"
  说完，妈妈一手牵着欢欢，一手牵着张先生的孩子，向幼儿园门口走去。欢欢这下急了，挣脱出妈妈的手，急忙用手拉扯小伙伴，冲着小伙伴大声嚷嚷着说："这是我妈妈，不准我妈妈牵你的手！"
  欢欢的妈妈顿时很尴尬，生气地对欢欢说："怎么可以这么没礼貌，快向小伙伴道歉。"欢欢更来劲了,哭着对妈妈说:"妈妈,妈妈,你是不是不喜欢我了!你是不是以后都喜欢张叔叔家的孩子了?"

心理语言:你是我妈妈,不要对他好

嫉妒心理在不同年龄有着不同的表现形式。孩子的嫉妒心理其实并没有很大恶意,在日常生活中,孩子嫉妒的形式很多,具体归纳起来有下面几种。

一、不喜欢家长亲近别的孩子

爸爸妈妈的爱分享给其他人,是最容易引发孩子的嫉妒心理的。当家长对其他孩子表现出疼爱关心时,有嫉妒心的孩子会表现出不满,甚至做出一些叛逆的行为。比如当家长去抱别的孩子的时候,孩子就会用力拉开妈妈的手。有一些孩子还会做出一些比自己实际年龄幼稚的行为,以此来赢得家长的注意。

二、对获得家长或老师表扬的孩子产生敌意

孩子总会有不服输的精神。当家长或老师表扬其他小朋友时,孩子就会觉得很不服气。有些孩子还会当面揭穿其他孩子的不足,认为自己比受表扬的孩子好很多。

三、排斥比自己拥有更多物质的伙伴

孩子天性爱玩。一群孩子中,要是有一个孩子拥有很多玩具,有的孩子就会说一些不切合实际的话。比如:当看到许多小朋友在玩大卡车时,这个孩子就会说:"他的大卡车我也有。"如果这样还不能吸引大家的注意,这个孩子甚至会有比较偏激的行为,例如:抢玩具或者孤立那位有很多玩具的同伴。

是什么原因让孩子的嫉妒心变得如此强烈呢?

孩子的思想单纯,思维简单。他们不善于控制自己的情绪,也不知道要用正确的方式表达自己。当孩子看到自己依恋的亲人疼爱别的孩子,会简单地认为妈妈喜欢别人了。

行为 11 嫉妒

孩子只看表面的现象,这会误导孩子。妈妈喜欢别人,就不爱自己了。孩子嫉妒实际上是对妈妈的依赖,是害怕妈妈离开自己的表现。有些孩子为了不让妈妈疼爱别的孩子,甚至去攻击其他孩子,做出一系列偏激的反应,以此来表达心中的不满。

大多数孩子都是争强好胜的,他们总是希望自己比别人好。孩子的认识水平十分有限,当家长、老师夸别人好的时候,孩子就会认为这是说自己不好。

随着年龄的增长,孩子有了自我评价意识。但是,他们的评价始终是以成人的评价为标准的。

幼龄孩子的情感十分脆弱,家长稍微有点疏忽就会抹杀孩子积极的情绪。如果家长过分大意,会使孩子情绪恶化。比如,家长总是在孩子面前夸奖别的小孩,说孩子这个不如他那个不如他。其实家长是想让孩子学习别人的优点。但是,由于孩子的认识水平还没有完善,就会单纯地认为:妈妈不喜欢自己了,妈妈喜欢别人了。这时孩子情感受挫,产生强烈不满的情绪,就会衍生嫉妒。另外,有些家长的评价并不是很公正。长期以来,孩子的行为得不到肯定,心理受到压抑,时间久了,就会变得心胸狭隘。

孩子在成长过程中都会遭遇挫折。比如遇到小朋友的嘲笑,或者老师的批评,或者看到其他孩子受到表扬,认为自己很没用。此时,孩子会把敌意发泄在别人身上,尤其是那些被表扬的小朋友。

有些家长不合理的教育方式也容易助长孩子嫉妒的心理。

"宝宝,来吃饭了,你再不吃,我就把饭给晓晓吃了。"孩子一听,果然乖乖地把饭吃了。

"孩子,再不回家,妈妈就不喜欢你了,妈妈就会喜欢邻居小虎了哦。"这样一说,孩子果然乖乖地跟妈妈走了。

家长在琢磨着这招很管用的时候,有没有想过嫉妒心会给孩子带来焦虑?

利用孩子嫉妒的心理让孩子听话,家长满意了,但同时也给孩子灌输了嫉妒心的思想。

父母高招：引导孩子嫉妒变竞争

人天生都有嫉妒心理。孩子从16～18个月开始就会出现嫉妒情绪，三岁左右，孩子嫉妒的情绪会变得很明显。孩子会因为嫉妒心理变得不开心，甚至担心和害怕。

所以，嫉妒心太强会影响孩子的身心健康。尽管家长们可以理解孩子嫉妒是正常反应，但是如果嫉妒的情绪太过频繁，会变成孩子性格中的一部分。

孩子会因为嫉妒心太强，将嫉妒演变成仇恨，这将严重影响孩子健康愉快的成长。嫉妒心太强的后果是孩子容不得别人超过自己，心胸变得狭隘。在集体生活中，容易制造矛盾，孩子会不合群。

但是，孩子的嫉妒心还是有一定的积极作用的。家长可以利用孩子的自尊心和虚荣心，激励孩子的竞争意识，使孩子积极努力。如果家长运用好孩子的嫉妒心，它也可以成为健康成长的助手。那么爸爸妈妈怎样正确排解孩子的嫉妒呢？

首先，要为孩子树立良好的榜样。

在日常生活中，爸爸妈妈要有广阔的心胸，不要为了一点小事斤斤计较。

家长不要在孩子面前说一些嫉妒的怨言。如果爸爸妈妈少一些抱怨和嫉妒，孩子会在潜移默化中被家长的生活态度感染，塑造心胸开阔的性格。

第二，培养孩子积极向上的性格。

孩子有着强烈的好胜心，他也希望自己能够样样在行。

但是，对于嫉妒心强的孩子，他们通常有着强烈的自尊心和虚荣心。家长要懂得运用孩子的虚荣心来激励孩子的竞争意识，使孩子通过正当的竞争超过他人，而不是通过伤害别人来满足自己的虚荣。

家长应该教育孩子："每个孩子都希望得到老师的表扬，在你努力的同时，其他小朋友也在努力。也许这次他比你努力，所以老师就表扬他。要想得到老师的表扬，就要付出更多的努力，下次，得到表扬的一定就是你了！"

孩子努力了，不管他最后的成绩如何，在老师和家长眼里，他都是一个有进取心的孩子，这样的孩子通常很受欢迎。这样，孩子就不会有强烈的攀比心，在

心理上,孩子也能接受别人的成功。

第三,塑造孩子的自信心。

孩子的自信心要从小培养。家长要在孩子有突出表现时多鼓励孩子,但是,这种鼓励和表扬绝对不是夸大其词的。如果家长过度表扬孩子,孩子就会觉得自己很优越,在心理上接受不了自己输给别人,容易产生嫉妒。通常情况下,有自信的孩子会用比较平和的心态对待别人的成功,因为自己有信心可以做得更好。

第四,让孩子全方面发展。

孩子产生嫉妒心,很多时候是因为自己做得不如别人。而家长要善于发现,帮孩子找出不足,培养孩子全面发展。比如在幼儿园,老师表扬别的孩子跳舞很棒,家长就可以在舞蹈方面培养孩子。让孩子各方面都得到发展,嫉妒心就会相对减少。

第五,让孩子学习别人的优点。

孩子做错事时,要客观评价。为什么别人比你好,为什么你输给别人。一味去哄孩子的话,孩子会不愿意学习别人的优点。同时,家长在教育孩子时,要注意自己的说话方式。

例如,孩子和小朋友比赛输了。妈妈对孩子说:"他没什么了不起啦,我们还是比他好。"用这种方式安慰孩子,其实也是属于嫉妒的表现。妈妈应该正面鼓励孩子:"他学的会,我们也一定也可以学会的,宝宝要努力学习哦。"

另外,家长还可以通过讲故事的形式,给孩子灌输团结友爱,互相学习的思想。孩子一般都很爱听故事,通过讲故事,容易让孩子在故事中得到教育,何乐而不为呢?

让孩子走出**嫉妒**的陷阱

一、讲清嫉妒的危害

破坏人际关系的和谐。当孩子嫉妒别人时，之前的友善和热情就会一扫而散，剩下的只有冷淡。这种个人行为还会破坏集体和谐的氛围。

造成个人的内心痛苦。一个嫉妒心强的人，容易陷入苦恼中难于自拔。"嫉妒者比任何不幸的人更为痛苦，因为别人的幸福和他自己的不幸，都将使他痛苦万分。"

二、教育孩子承认差异，奋进努力

现实生活中，每一个孩子的能力都是有差异的，嫉妒于事无补，只有自己强大起来，才是最佳途径。

嫉妒心理的一个重要特征是希望嫉妒对象由好变坏。

孩子应该把"努力改变自己"作为指导人生的正确思想。

行为 12
打人、咬人

行为表现：打架咬人，看谁还敢

相信很多家长都遇到过这样的事：孩子打架咬人被投诉。家长有时会觉得奇怪，平时很乖巧的孩子，怎么会动手打人，甚至怀疑投诉的人是不是说谎了。牛牛的妈妈最近就被投诉了。

牛牛的妈妈下班后去幼儿园接孩子，同班的妞妞一脸委屈的表情过来告诉她："今天中午，牛牛打了我，还咬人！"

牛牛的妈妈回家后生气地质问牛牛："牛牛，你是不是打妞妞了？"

牛牛一脸不服气，说道："是她先动手的！"

牛牛的妈妈想：小孩子有点矛盾，打打闹闹在所难免，也就没有多在意。

过了两天，牛牛的妈妈像往常一样，下班去幼儿园接孩子。

这次，妞妞又过来投诉了："阿姨，刚才牛牛又咬我了，看！都咬出血了。"妞妞一边说一边挽起袖子。

牛牛的妈妈一看，一个红通通的牙印在妞妞的胳膊上。

牛牛的妈妈喊来牛牛，质问他："怎么可以动手欺负别人？"

牛牛大声说："妞妞抢我玩具，咬死她，看她还抢。"

这时,牛牛的妈妈可生气了:"快向妞妞道歉!"

牛牛很不服气地跟妞妞道歉。

心理语言:动手原因个个数

人都是带有攻击性和掠夺性的,包括幼小的孩子。在婴儿时期,孩子分不清人和物体的区别。在幼儿的意识里,打人咬人跟打物体没多大的区别。但是随着孩子对事物认识的加深,会慢慢意识到用一些形式来表达心中的不满。有时候在情急的情况下,孩子会咬人。但是,孩子打人、咬人总是有原因的。

孩子咬人,有一些是出于生理原因

长牙阶段的孩子处于生理发育的高峰期,身体会突然快速生长。这会给孩子带来不适感。长牙时期会因为牙龈黏膜受到刺激引起牙齿痒。不少孩子因为无法克制就咬人,有时会拿起身边的玩具咬,那是因为他们咬东西的欲望没有得到满足。

孩子咬人,还有一些是出于心理原因

3~6岁的孩子自我意识强烈,当他感觉不开心时,会通过咬人的方式发泄出来。比如,被同龄人抢了玩具,孩子心里会非常不愉快。所以,孩子会为了发泄情绪咬抢玩具的伙伴。

在孩子还没接触外面的世界之前,都跟爸爸妈妈在一起。父母不在身边了,孩子会觉得很没安全感。在孩子对小朋友的安全感还没完全建立的时候,一到小朋友身边,就会觉得受到威胁,因此就会动手打人。

这个时期的孩子,有自己独立的想法,他们会按照自己的想法做事。可是在集体生活中,每个小朋友都有自己的想法。这些各种各样的想法难免会矛盾,孩子们就会用一些做法来排除别人的想法。

刚开始,他们可能会对别的小朋友嚷嚷,发现这并不是非常有用。于是,他们就开始打人。孩子的想法本来没有多大错误,只是他们的解决方式不对。

行为 12　打人、咬人

孩子在外面受了委屈，最直接的方式就是告诉爸爸妈妈。倘若家长教育不当，就会误导孩子。

比如，孩子玩具被抢了，妈妈告诉他："你这孩子太老实了，东西被抢了，也不知道抢回来。"

如果孩子下次再遇到同样的情况，就会想起妈妈说的话，就会动手抢玩具。如果没有达到他满意的结果，孩子就会动手打人。

在孩子意识还没发展时期，有时候会无意识地打人。那时候，他还不知道打人是怎么一回事。但是成人们会觉得好玩，于是故意挑逗孩子。孩子会认为这样很有趣，时间久了，会认为打人是正确的，无形中助长了孩子打人的不良习惯。

很多孩子打人是为了寻求注意

孩子用攻击性的行为来争取妈妈的注意力。孩子潜意识里害怕妈妈离开自己，就会采取一些破坏性行为来吸引家长的注意。

此外一些心理因素使孩子烦躁，比如生病了，会闹脾气。这时候孩子通常会打人来缓解心里的烦闷。

突然变化的生活习惯，也会让孩子不知如何是好。比如孩子一直在家里，突然把他带到幼儿园过集体生活。孩子不知道怎么适应，又表达不好，就会排斥这样的环境，对人产生敌意，导致动手打人。

通常孩子也会有样学样

家长的言行影响孩子的一言一行。"快点吃饭，不然妈妈打你。""别再哭了，再哭就打你了！"如果家长在生活中用这样的方式教导孩子，孩子在外面也会效仿父母。

在集体生活中，孩子通常也会模仿其他孩子的行为

看到别的小朋友咬人时，孩子就会有强烈的好奇心去模仿别人。由于这个年龄段的孩子模仿能力特别强，通常在集体中，会有很多咬人事件。

父母高招：以暴制暴要不得

随着年龄的增长，孩子渐渐意识到像"哭泣，发脾气"等行为再也不会得到父母的认可，所以这些行为会慢慢减少。

由于这个年龄段的孩子特别想要得到自己想要的东西，凡事都以自我为中心，又因为孩子肢体行动能力超过语言表达能力，所以，2～3岁的孩子打人或者咬人是比较常见的。也许你的孩子就被人咬过，也许你的孩子打过别人，那么孩子是真的想攻击别人吗？该怎么教育才能让孩子不再对别人动手呢？

其实，两三岁的孩子会由于好奇、探索甚至只是模仿而攻击别人。所以，大人们要把孩子攻击别人的行为和成人的攻击行为区分开来。如果家长对孩子加以正确引导，孩子的攻击倾向会演变为成长过程中的动力。家长要有正确的态度，才能帮助孩子改正喜欢打人的缺点。

首先，家长要自我反省，预防宝宝打人。

如果家里的孩子曾经被别的小孩咬过，家长就不能忽视这个问题。家长要就这件事对孩子进行教育。这样孩子会根据自己的切身感受来理解咬人是一种错误的行为。

千万不要以为孩子被咬只是小孩子之间的小摩擦，忽略了此事，就失去一个教育孩子的好机会。孩子会在自己的经历中理解咬人会给人带来伤痛，不应该去模仿。这样可以预防孩子模仿别的孩子咬人的行为。

其次，孩子咬人了，家长要注重对孩子的教育。

发生咬人事件后，不要因为这件事去责怪孩子。孩子打人有时候并不是真正的攻击行为，家长要帮孩子分析原因，避免这个行为变成不良的习惯。可以让孩子主动道歉，认识到咬人是错误的。

如果孩子总是打一个特定的人，可以把两个孩子分开。如果让两个孩子分开是不现实的，就必须让两个孩子保持距离。让打人的孩子失去目标，他就不会轻易打人了。

一个小孩子可能因为缺乏语言表达能力而打人。孩子通过打人的行动来维持独立性，或者来保护他自己的领域不被侵略。教孩子善于使用语言，提高

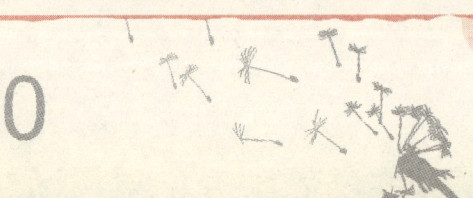

行为 12　打人、咬人

语言表达能力,遇到不满意的事,懂得拒绝并说明情况。

孩子打人,也可能因为孩子缺乏安全感。孩子在离家之前,一般都是跟妈妈在一起的。很多孩子,一旦看不到妈妈,就会失去安全感。

这种情况,家长要让孩子学会适应新的环境。可以多让孩子去邻居家,接触外面的世界,让孩子对妈妈没有绝对依赖。可以给孩子零食,让他分给其他孩子吃,跟其他小朋友建立友好的关系。

另外,适当给孩子一些表扬。孩子都是需要关注的,如果孩子太久没有被关注,会产生挫败感。这时候孩子情绪容易不好,遇到一点不顺心的事,便会大打出手。所以,对孩子的积极行为给予关注和表扬,让孩子在表扬中产生自信。这样,会让孩子更容易与人相处。

通常家长和老师发现孩子打人或咬人了,便喋喋不休地告诉孩子为什么做错了,但是却很少给孩子自己思考的时间。其实家长和老师可以采用隔离法对孩子进行教育,具体操作如下:

首先,平静地带孩子进入隔离区,坚定地告诉他:"不能伤害其他孩子,必须呆在这里,直到我同意让你离开。"

然后,开始计时,家长离开隔离区。在这个期间,不能去看望孩子,也不能和他说话,保证让孩子一个人呆着,给孩子独立思考的时间。

时间到后,隔离结束。告诉孩子:"现在可以离开!"可以让孩子说说他思考了什么。其实不用过多教育,此时,孩子已经知道自己错了。

为了不给孩子带来心理的不安定,可以让其他小朋友主动邀请他到集体中一起做游戏活动。这样,孩子很快又适应了和一群孩子在一起的生活。以后,孩子会注意自己的行为,不再轻易伤人。

如何教育容易冲动的孩子？

妈妈的问题：

老师可能会反映你的儿子在学校里常和同学发生争吵，行为很急躁。很多家长也试着去改变孩子这个毛病，但似乎已经无法根治，难道真的没有办法吗？

专家建议：

自控力差的孩子的冲动行为，往往都是无意的，事后也会后悔，但又很难自控。

专家认为，小孩子常常打架、争吵，除了个人因素外，还与家庭生活环境、文化因素的影响有关。

要改善孩子的行为，家长应当以身作则，让他在可能冲动的情况下先对自己说一声"让我想想，还有别的方式吗？"

家长也要与老师经常联系，看到孩子有进步，就要采取奖励措施，巩固已有成果。这样，孩子的自控力就会有所提高，而冲动性格也会有所收敛的。

行为 13
赖床

行为表现：叫三遍就是不起床

每天早上，孩子赖床真是让家长感到烦恼。家长们早早起来喊孩子起床，每次都是家长生气了，孩子才昏昏沉沉地从床上下来，慵懒地洗脸刷牙。忙了一大早做的早饭，却因为孩子赖床拖延时间，来不及吃了。

小诺今年四岁了，每次起床都要妈妈连哄带骗的。刚开始，妈妈哄哄也就起床了。可是后来，妈妈用尽了招数，还是哄不动孩子。总要妈妈发脾气，小诺才懒懒地起床，真是让家长费尽心思。瞧瞧！今天早上，妈妈又为小诺起床的事大发脾气了。

早上刚到八点，闹钟就响了。妈妈起床后急忙摇摇在一旁的小诺。小诺翻了个身，把头扭到一边去，继续睡觉了。

这么冷的天，大人起来都挺困难的，何况是孩子呢？妈妈看到小诺实在是不想起来，于是，对小诺说："好吧，诺诺再睡五分钟，我帮你打水洗脸，五分钟后一定要起床哦。"五分钟后，妈妈端着水，对孩子说："诺诺，五分钟到了！该起床了！"没想到，诺诺依然闭着眼睛，不说话，假装听不见。妈妈摇摇诺诺，有点生气了："诺诺，再不起床，上幼儿园要迟到了，到时候老师要打屁屁，妈妈可救不了你哦！"

诺诺听着妈妈的话，一脸不情愿的样子："我不想去幼儿园！就是不起！"

心理语言：你是大人，我做不到

很多家长认为，孩子赖床好像不是什么很大的问题。其实，孩子赖床反映了孩子对现实人生的生存体验。因此，对于孩子赖床的行为，家长要给予真切的理解。

毛毛平时很听爸爸妈妈的话，学习成绩也很优秀，家里的长辈都很喜欢他。可是，最近妈妈发现毛毛很喜欢赖床，怎么摇都摇不醒。

妈妈感到很疑惑，听话的毛毛怎么在起床的时候就变得不听话了？妈妈开始留意孩子的行动。

终于，妈妈知道孩子最近在小区结识了几个小伙伴。晚饭后不久，毛毛就会去外面找几个小伙伴玩捉迷藏。孩子每天在幼儿园已经进行大量的体力活动了，回家还跟着小伙伴玩这么剧烈的活动，难怪孩子会觉得累。

妈妈弄清楚了原因后，就告诉毛毛："以后找小朋友，可以玩一些比较安静的游戏。比如在一起过家家或者可以邀请小朋友来家里玩，妈妈可以做很多好吃的甜点给你们！"

在甜点的诱惑下，毛毛回家后不再玩剧烈运动的游戏了。毛毛又恢复了早睡早起的好习惯。

看来，只要找准孩子赖床的原因，是可以改掉孩子赖床的坏习惯的。如果任凭孩子晚睡晚起，孩子会养成不良习惯，也无法从根本上找出原因，更谈不上解决孩子赖床的问题。

孩子喜欢赖床，可能是阶段性的，在某段时间里赖床行为表现得比较明显。也有可能是习惯性的，孩子经常赖床。这就需要从不同的角度来分析原因。

如果孩子是阶段性的赖床，可能是以下两种情况造成的：

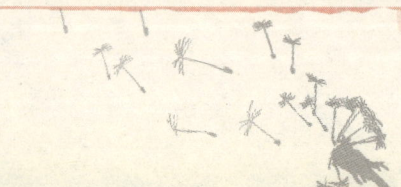

行为 13　赖床

1. 最近一段时间,孩子精神紧张或者过度疲劳,比如说,孩子在近期要进行考试,比赛之类的。精神状态紧张会让孩子休息不好,容易感到疲惫。这种情况下,孩子会晚睡晚起。

如果孩子是在长假后赖床,很可能是生物钟还没调整过来。一般让孩子适应上学生活一个星期左右,就能够调整回正常的作息时间。

2. 孩子可能存在健康问题,比如说,感冒的孩子会因为精神不好想要睡觉。或者,孩子可能有什么心事,情绪不安影响睡眠。

但是,如果孩子长期喜欢赖床,这就需要家长重视,要有足够的耐心帮孩子改正不良习惯。孩子长期赖床,一般跟家庭生活有很大的关系。

1. 父母溺爱

孩子小时候,家长一般都会事事顺着孩子的意愿。随着孩子年龄的增长,父母要是没有改变观念,就变成对孩子的溺爱。孩子想晚睡就晚睡,想晚起就晚起,孩子要是不起床,父母也拿他没办法。

2. 孩子过于依赖父母

很多孩子起床,都是爸爸妈妈叫的。要是爸爸妈妈不叫,明明知道该起床了,孩子也不愿意起来。家长们怕孩子赖床耽误时间,会替孩子把一切都安排好。替孩子穿衣服,替孩子整理文具书包。这只会让孩子的主观能动性受到抑制,久而久之,孩子只会依赖大人,把穿衣服,整理文具这样的事当成是家长该做的事。

3. 没有合理的作息时间

没有合理的作息时间,这不仅仅体现在孩子身上。很多时候,家长本身的作息时间也很不规律。一些家长因为工作忙,或者应酬比较多,经常忙到半夜三更才会休息。早上家长也经常克制不住睡意而赖床。孩子会认为:"爸爸可以赖床,我也可以。"

当然,也有一些主观上的原因让孩子产生赖床的不良习惯,比如孩子时间观念较差等等。

3~6岁的孩子独立性还不够,让孩子自己克服赖床的问题是不现实的。所以,孩子赖床时,我们不要责怪孩子,而是要帮孩子想对策,克服困难。

父母高招：分配责任治赖床

在孩子赖床的问题上，很多人提出疑问："为什么家长们自己可以赖床，而孩子就不能赖床呢？"

其实，孩子不是不能赖床。在孩子刚出生不久，几乎所有时间都在睡觉。此时，爸爸妈妈是很乐意看到孩子熟睡的样子。倘若刚出生的宝宝总是被吵醒，父母反倒不高兴了。也可以说，家长对孩子赖床行为的关注是有阶段性的。通常情况下，家长认为赖床已经影响了孩子的生活或学习，才会重视起来。很少有孩子会在幼儿园组织春游的当天赖床。所以，孩子赖床也不是没有办法改正的，而纠正这种行为更要采用正确的方法。

家长要以身作则

很多家长在孩子该睡觉的时刻，就催促孩子赶快上床。可是家长自己却还在忙东忙西或者看电视直到深夜。这种做法通常会让孩子感到"不公平"，孩子心里会产生这样的想法："为什么只有我要睡觉，爸爸都不睡呢？"

另外，家长在起床时，最好闹钟叫了就能及时起床。很多家长会把闹钟按掉，再继续睡。孩子看到家长这样做，会有模仿意识。当家长叫孩子起床时，孩子也会不理不睬，继续睡，直到时间紧迫再起床。

午睡时间不宜过长

孩子中午休息时，小睡即可。不要在接近傍晚的时候让孩子睡午觉。孩子午休的时间在13～14点之间最为合适。不要让孩子睡得太久，否则孩子晚上容易精神亢奋，不愿意睡觉。晚上睡得晚了，第二天早上肯定又是一副精神疲惫的样子，当然不想起床。

给孩子安全感

对没有安全感的孩子，家长要特别费心。这样的孩子通常需要有安慰品才能安然入睡。比如，小娃娃，玩具之类的东西。但是孩子会对这些东西产生严

重的依赖。最好的方式还是帮孩子建立独立意识,对身边的事物少一些依赖,彻底解决孩子对小物品的依赖。

让孩子的情绪得到安抚

很多孩子阶段性的赖床,是因为身体不适等原因。孩子的情绪好或差通常是比较容易观察的,孩子的表达能力还不是很好,在生活中遇到挫折之类的事情很难用语言清晰地说明。孩子会因为情绪不稳定而影响睡眠质量。

所以,发现孩子的睡眠有问题时,要关注孩子的情绪。家长可以问问孩子是不是在生活中遇到了困难,并且帮助孩子解决问题。这样,孩子会在情绪上得到安抚,慢慢就会拥有好的睡眠质量。

游戏休息两分开

很多家长在布置孩子的房间时,会把孩子的活动空间划分在一起。比如,在孩子的卧室里布置游戏区,家长认为这是方便快捷的方式。其实,这样布置房间是不合理的。孩子休息的地方,应该布置得简洁明了。游戏区放在房间,会让要睡觉的孩子有玩游戏的欲望。此外,在床边,不要放过多的玩具。

提早起床听音乐

很多孩子在被叫醒之后,脾气很大。一起床就大吵大闹地表达心里的不满。家长应该提早叫醒孩子,播放一些轻松的音乐,吸引孩子的注意力,让孩子在轻松的音乐中醒来。这种方式可以缓解孩子的情绪,他们便不会吵闹,安静地醒来。另外,还有一些孩子害怕黑暗,不敢睡觉。这通常也是父母在日常教育中的缺失造成的。所以,父母在平时,不要强调黑暗或魔鬼的可怕,否则会给孩子心理带来阴影。

培养孩子的责任感，首先要让他知道自己的责任，如上学不迟到，按时完成作业等。自己的事自己要负责，如整理自己的书包、书桌、床铺，打扫自己的房间等。其次就是对自己的行为负责，做错了事情，敢于承认，勇于改正。有了失误，找出原因，总结经验，接受教训。

让孩子为自己的行为买单

不少父母却不懂得这一点。一旦孩子被一块石头绊倒，赶快抱起，又拍又哄，"不哭不哭，是石头不好"；孩子到桌子底下捡东西，抬头时碰了桌子边，赶快打桌子，"桌子真坏，怎么碰我们宝宝。"

他们以为这是疼孩子，实际上这些不经意的行为，会在孩子脑子里产生潜移默化的作用。久而久之，不负责任，事事推诿成习惯，进而成为一种品性。

明理而负责的父母，应当在日常生活中，尤其是处理与孩子有关的问题时，既要提供由他自己选择的机会，不要事事包办，同时让他自己承担后果。例如，上学的孩子，给他一个闹钟，这就够了，家长不必早上天天叫，天天喊。

让孩子在过失中得到经验，使他们从亲身体验中接受教训。这是培养与提高孩子社会责任感的有效方法。

如果他起床晚了来不及吃早饭，让他尝一次饿肚子的滋味，迟到了就让他尝一次在同学的众目睽睽下进教室的难堪，以及老师的批评，等到他有了这些体验，你再告诉他作为一名学生，上学是自己的事，不迟到是自己的责任。还要让孩子知道，当学生除了不迟到，还有学好功课的责任，还应当与老师同学融洽相处，爱护公物，关心周围的人和事，这些都是自己的责任。

行为

发呆还是专注

行为表现：关注一个玩具很久

很多家长认为,孩子在幼小的年龄阶段,只要给他一定的刺激,孩子就会充满新鲜感。但是,当家长看到孩子一个人坐着,注视一个地方很久却纹丝不动的时候,可能会想:"孩子怎么突然变得反应迟钝了呢?"还有些家长,拿着小玩具在孩子面前晃动,孩子也没多大的反应。此时,家长们就着急了:"孩子是不是傻了?"

阿宝是个活泼可爱的孩子,可是最近阿宝总是一个人呆呆地看着玩具,也不去碰它。妈妈刚开始也不在意,哪知道阿宝发呆的次数越来越多了。一开始,阿宝发呆时,妈妈喊他,阿宝还会有反应。

"阿宝,吃饭了!"阿宝迟疑了一会,不知道是没听见,还是反应慢。过了好几分钟才回答"哦!",然后慢慢地从房间走了出来。

妈妈觉得奇怪了,阿宝平时走路都蹦蹦跳跳的。阿宝是不是最近有什么心事了,才会变得迟钝?后来,妈妈又喊他好几次,他也没反应,好像陶醉在自己的世界里,谁也打扰不了他。

心理语言:我其实什么都没想

家长们经常遇到这样的情形,孩子一个人坐在房间里,什么都没做,只是看着某样东西发呆。有时候,孩子看着自己的玩具,也不像以前那样玩得开心。有时候,孩子望着天空,好像在思考什么。有时候,孩子注视着地板,好像想要看穿什么。

很多家长认为,发呆的孩子是傻孩子。家长们通常认为孩子在浪费时间,或者孩子的智力是不是有什么问题。

其实,家长的这种观点是不正确的。尽管孩子本身没有意识到自己在干什么。但是,孩子发呆的时候,是处于学习状态的。

对儿童心理研究很有经验的专家认为,孩子发呆也是一种学习。通常情况下,学习分为"外显性学习"和"内隐性学习"。

所谓"外显性学习"就是孩子学习某项技能,比如孩子学习数学运算能力和画画技巧等。

所谓"内隐性学习"则是一种无意识的学习,孩子发呆就是属于这种情况。

专家指出,在我们觉得脑袋空空,什么都没思考的时候,大脑依旧会运转,此时大脑也在储存、整理加工外界进来的信息,只是这时候我们并没有意识去努力实行。因此,孩子发呆并不是孩子犯傻,是孩子用另外一种方式对外界的信息进行思考整合。

很多家长对孩子发呆的行为充满疑惑,孩子发呆时,究竟在想些什么呢?一般来说,孩子发呆有几种情况。

1.孩子好像很专注地盯着某个物体。这种情况下,孩子的大脑实际上是一片空白的,什么也没有想。在发呆的过程中,孩子的心情得到放松,缓解了压力。所以,遇到有这种表现的孩子时,家长不要给孩子太多负担。孩子可能压力过大,需要放松。

2.孩子可能一动不动,样子也许呆呆傻傻的,像个木头人一样,没有太多表情。此时,孩子可能聚精会神地在思考一些问题。这是孩子学会思考事情的一种方式,家长不需要过分担心。

行为 14　发呆还是专注

3.孩子发呆,有时候还伴着一些表情,挤眉弄眼或者哈哈大笑。这时,孩子通常处于幻想中。在孩子的世界里,有很多美好的、充满向往的梦。孩子所向往的童话般的世界通常在现实生活中不存在。孩子通过想象虚构出一个理想中的世界,在孩子的世界里,他可能是个王子,可能是个骑士。总之,孩子表现呆滞但是内心世界是相当活跃的。

另外,当孩子自我沉醉时,常常会忽略外界的一切干扰,和自己在一起。这是孩子和自己内心交流的方式。因此,外界的风吹草动对孩子来说没有任何影响,吸引不了孩子的注意。

人在精神疲惫时,通常希望一个人好好休息,不希望外界过多地打扰。这种状态不仅体现在大人身上,在孩子身上也会体现出来。每个人都需要独处,需要内心的平静。当孩子觉得玩累了,想休息时,会偶尔发发呆,这时候孩子的心灵是完全自由的。

作为家长,我们要做的,是理解孩子发呆这样的行为。不要因为孩子发呆就认为孩子是笨孩子。其实,每个孩子都会经过爱发呆这个阶段。

在我们很小的时候,爸爸妈妈每天安排一些工作给我们,剩下的时间基本是我们自己安排的。那时,父母一般都很忙,也许偶尔看到发呆的我们,他们也无暇过问。

所以,我们可以自由地分配时间,没有压力的按照自己的想法,在自己的世界安静地发呆。

可是现在的孩子跟我们不一样,他们的一个小动作都能引起父母的关注。当父母看到孩子很久不动,就会迫切想要知道孩子在想什么。

父母高招：先观察，再提问

爱因斯坦有这么一个故事：

爱因斯坦的妈妈波琳带他去郊外，这个地方可热闹了。很多孩子一过来就跟着大家一起嬉戏玩闹。可是唯独爱因斯坦一个人坐在河边，看起来像是在发呆。

有个家长注意到了这个问题，很焦虑地问："爱因斯坦怎么总是一个人发呆呀，是不是遇到什么心事了？还是有什么毛病？"

这时，波琳很自信地说："我们家的孩子很聪明，他一点毛病都没有，他只是比同龄人更善于思考罢了，你们看！他现在就在沉思。将来，他一定是个了不起的人物。"

这个故事提醒父母，要懂得尊重孩子的感受，善于观察孩子情绪的变化，发现孩子的特点，才能更好地帮助孩子迈向成功。

很多妈妈在发现孩子发呆时，总是迫不及待想去阻止孩子这种状态，似乎看不得自己的孩子发呆没事干的样子。可是，家长们为什么看不惯孩子发呆呢？主要原因在于：

家长认为，孩子在幼儿时期大脑接受新事物的速度比较快，就像一张无限扩张的网。所以，要给孩子多接触新鲜事物，多多尝试，丰富孩子对世界的认识。当家长们看到孩子一个人发呆，总觉得孩子在浪费时间。

另外，家长平时看惯了孩子活泼开朗的样子，也喜欢孩子天真，活蹦乱跳的状态，对于孩子发傻、发愣，心理上不乐意接受。

其实，发呆是孩子自我放松和自我调节的过程。在外人看来，发呆时的孩子傻得跟木头一样。其实，这时候的孩子只是处在自己的世界中。他们的内心，可能风起云涌。

所以家长们不要过分忧虑，对孩子多一些宽容，给孩子一些时间和空间，让他在自己的世界认识自我。不要过多地改造孩子，而要善于发现，让孩子做自

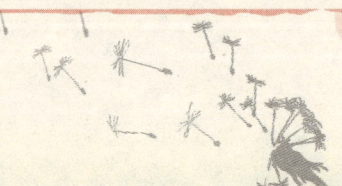

行为14　发呆还是专注

己想做的事,成为自己理想中的人。

家长在对待孩子发呆的问题上,应该注意以下几点。

给孩子合理的自由时间

在幼儿园的集体生活中,小朋友一般会服从老师的教育,以学习为主。在幼儿园生活了一天的孩子,回家后也许需要一片宁静的天地来自我调节。只有动静结合才能让孩子用放松的态度生活。

孩子在这段安静的时间里,可能回忆老师教过的儿歌,学过的游戏。或者,也许孩子今天做错什么事,在进行自我反省。这段时间足以培养孩子的记忆力和自主学习能力。

有些父母在孩子回家后,寸步不离地陪在孩子身边,这样只会让孩子对父母产生更多的依赖,影响孩子独立自主的能力。

不要给孩子过多额外的学习

家长一看到孩子闲着,就觉得应该找点事情给他做做。让孩子练钢琴,学唱歌,学画画,学跳舞,准备把孩子培养成全面发展的人才。孩子还在成长时期,也需要个人空间。可是,家长们把自己的理想强加在孩子身上,给孩子太多的关注,这会使孩子接受不了。

此外,孩子独处的时间大概三十分钟左右较为合适。家长可以给孩子布置一片自由的空间。在干净的地方给孩子喜欢的玩具,图书,也可以放笔和纸。让孩子自己选择喜欢的事做。在这三十分钟的时间给孩子放一些柔和的音乐,帮孩子放松心情。

但是,给孩子空间,让孩子一个人玩,并不是让家长不管孩子。如果孩子经常情绪低落,动不动就神游,家长们还是要适时关心孩子,可以问孩子发生了什么事。如果孩子真的遇到什么困难,家长要帮孩子找出原因,减少困难对孩子造成的心理影响。

总之,家长们不要刻意去破坏孩子发呆的状态。给孩子们一个没有外界干扰的世界,让他们自己思考、反省。

给孩子自由支配的时间，能激发孩子的积极主动性，培养孩子浓厚的兴趣，让孩子在交往、独处、分析与解决问题时，学会思考，学会生活，提高适应、合作与协调能力。支配和控制了孩子的时间，让孩子无法自由活动，便会限制孩子身心的自由发展和对社会的适应能力。

给孩子可**自由支配**的时间

给孩子自由支配的时间，还原了孩子童年的快乐、幻想和自由，奠定了他幸福人生的根基。青少年教育专家孙云晓认为："童年的快乐是一生快乐的源头，童年的不幸是一生不幸的开端。一个人如果失去了快乐的童年，将来是无法弥补的。"

给孩子自由支配的时间，让他们可以走近自然，走近生活，亲近泥土、小草和溪流，认识蒲公英、蚂蚱和蟋蟀，懂得风霜雨雪、草长莺飞、四季更替……沉浸在大自然的怀抱里，愉悦身心，陶冶性情，促进身心和谐健康地发展。

行为 15
做家务

行为表现：家中的"小皇帝"

茶余饭后，经常会听到家长们这样说："现在的孩子呀，就是家里的'小皇帝'。衣来伸手，饭来张口。"这是许多家长的无奈。不知为何，孩子越来越不爱做家务了，生活自理能力也比较薄弱。

这可辛苦了妈妈们，每天早早起床，给孩子穿衣、洗脸、为孩子叠被子、给孩子做早餐。其实，妈妈们也很想让孩子自己动手，可是孩子就是不听话，这可怎么办？瞧！小天的妈妈正为孩子不做家务的事发愁呢！

这天，妈妈起床后，叫醒小天。"天天，起来穿衣服了。"天天懒洋洋地坐起来，闭着眼睛，伸出两只手，示意让妈妈替他换好衣服。"每次都来这招。"妈妈心里想，脑筋一转说："天天，今天妈妈跟你比赛穿衣服、洗脸刷牙好不好？谁用的时间少，谁就赢了。"

嘿！这么一说，天天睁开了大眼睛。"那三、二、一，比赛开始了。"

天天一时来了兴致，跳下床去衣柜取了自己最喜欢的衣服，迅速地套在身上。然后屁颠屁颠地跑去洗手间自己洗脸刷牙了。等天天回来，看到正在穿衣服的妈妈，他蹦蹦跳跳地欢呼了起来："哦，我是冠军，我比妈妈还快！"

天真的孩子哪里知道,这是妈妈为了让天天学会自理设下的"圈套"。

心理语言:你又不给我机会做

热爱劳动是中华民族的传统美德。但是,现在很多家长总是娇惯着孩子。孩子要是拿扫把扫地,家长们害怕他不小心伤了自己。这个不让孩子动,那个不让孩子接近,什么活都不让做,就算孩子愿意帮忙,也没有机会。

很多家长认为,只要孩子把书读好,其他的事情可以不必管。父母过多的关心,抹杀了孩子做家务的热情,阻碍了孩子独立性的发展,使孩子缺乏责任感和克服困难的能力。

在生活中,我们会经常看到这样的现象:一早起床,家长要帮孩子穿衣,帮孩子穿鞋系鞋带,帮孩子洗脸。吃饭时,妈妈一口一口地喂孩子吃饭。孩子上学放学,父母帮忙背书包。这类事情,已经分不清是大人的事,还是孩子的事。

在孩子会走路时,肢体较为活跃。他们已经有倾向帮家长做一些事情。看到妈妈拿什么,孩子总是跃跃欲试跟着去拿,也许这时候帮忙的意识并不是很明确,也许是单纯的模仿行为。但在孩子两三岁的时候,已经有意识要帮忙了,可家长往往给孩子一些小玩具,不让孩子插手。

家长们的错误思想,让孩子失去动手的机会,影响了孩子对劳动的兴趣。家长们总是觉得孩子还太小,劳动中容易受伤。孩子擦玻璃,父母怕他摔着。孩子要扫地,父母又说:"去把今天老师教你认的字再复习一下。"父母们总是用善意的方式拒绝孩子,长期如此,孩子会认为家务不是他应该做的事,理所当然不做家务了。

另外,很多家长总是以成人的标准来衡量孩子做事的好坏。对孩子做的事过分挑剔。

孩子学会做家务,首先是从模仿家长的行为开始的。在实践中,孩子难免会做得不够好。比如洗碗,他会不小心打破碗或者把水弄的到处都是。有些孩子会在劳动中边做边玩,有时还会帮倒忙。这时候家长们的态度会给孩子带来心理暗示。

行为 15　做家务

　　做不好,是因为孩子综合能力不是很强,往往行为和想法不一致,行动就会变得笨拙。可是家长们却责怪孩子这个做不好,那个做不好,不让孩子帮忙。家长不满意,当着孩子的面把事情再做一遍。

　　家长错误的做法使孩子自信心受挫,丧失了对劳动的兴趣。

　　现在的家庭条件好了,很多家长也变得懒惰。他们平时忙于工作,家里的事情交给保姆钟点工。要是保姆休息了,家里就一团糟。衣服没人洗,地板脏兮兮,房间没有整理。妈妈自己不起带头作用,孩子怎么会想要做家务呢?

　　孩子四五岁的时候,是培养自理能力最佳的阶段。如果错过这个时期,孩子不做家务变成一种习惯,要更改就有难度了。

　　很多家长把目光聚集在孩子的学习成绩上,忽略了孩子的动手能力。让孩子上各种特长训练班,占用孩子太多课余时间。有家长表示,孩子没有做家务是他们没有多少课余时间,要练跳舞,要弹钢琴。

　　现在的孩子,一举一动不仅得到爸爸妈妈的关注,爷爷奶奶也是特别关心。孩子的妈妈让孩子做点家务,奶奶就有意见。

　　小童的妈妈最近忙着出差,把小童带到奶奶家寄住几天。妈妈回家后,小童告诉她:"我喜欢住奶奶家。"

　　小童的妈妈感到奇怪,问了小童原因,小童这样说道:"我在奶奶家,什么都不用做,不用早早起床,不用自己洗脸刷牙,不用叠被子,不用打扫自己的房间。奶奶比妈妈还疼小童。"

　　原来,小童在家时,妈妈每天早早叫小童起床。小童要自己穿衣,叠被子,自己洗脸刷牙,自己打扫房间。而在奶奶家,奶奶觉得小童太小,上幼儿园也辛苦,就让他多睡会,家条事也不让他插手。

　　所以在教育孩子做家务这方面,家长们一定要达成一致的意见。否则孩子很难分辨该听谁的,不知道做还是不做。

父母高招：给孩子"实习"的机会

良好的习惯是从小培养的。孩子四五岁时是培养良好习惯的最佳时机。这时，孩子有强烈的好奇心，学习压力也不是很大。家长要让孩子参与到家庭劳动中来，培养孩子爱干活的习惯。

当然，孩子在劳动过程中需要父母的帮助。这种帮助不是父母包办，而是在孩子遇到困难时，教他们一些技巧。比如碗要怎么洗才能更干净等等。

孩子学做家务，是有许多好处的。不仅孩子体力得到锻炼，孩子的脑力也得到了锻炼。孩子学做家务，有利于培养孩子的责任感。孩子从做家务中不断认识到自己是家庭中的一员，要承担家庭的一份责任。在做家务过程中，孩子可以体会到父母的艰辛，会更珍惜自己的劳动成果。

学做家务，会使孩子在实践过程中掌握生活技巧。在生活中，很多道理都是通过实践才能理解的。让孩子学做家务，丰富孩子生活的常识，在同龄人中，有常识的孩子会更有优越感。

做家务还能培养孩子的智力。我们都是用习惯的方式做事，但是孩子的思维是活跃的，在做家务的过程中，孩子会萌生很多念头。许多孩子的小发明都是在做家务实践中得到启发的。

做家务有这么多好处，所以，家长们，赶紧改变观念，给孩子一个动手的机会，要知道培养孩子的实践能力也是十分重要的。

其实，很多家长不是不让孩子做家务，是不知道让孩子做什么，该怎么教育孩子才能让孩子做得好。

孩子幼小时，可以让他做的家务还是很多的。比如给花浇水，松土，拔草，穿衣，系鞋带，帮大人提一些轻的东西，整理自己的衣柜，叠衣服，整理玩具，帮妈妈挑菜。这些都是在孩子4～7岁时可以做的事。

该怎么引导孩子做家务呢？

孩子到了两岁左右，帮家长做家务的欲望会很强烈。培养孩子做家务的好习惯，要从小开始。在孩子两三岁的时候，让他帮忙传递一些东西。三四岁左右，要开始让孩子自己穿衣，洗脸。三岁的孩子可以培养他的生活自理能力。

行为 15　做家务

五岁的时候,可以让孩子帮忙做家务,比如挑菜,浇花之类的。如果错过了时机,孩子会产生懒惰的思想。

父母自身对家务的态度要端正。妈妈要注意做家务时,不要抱怨家务太累,这样容易让孩子察觉到家务是繁琐的事情。爸爸也要参与到家务中,不要让孩子认为,做家务是女孩子的事。只有一家人一起做事,孩子才会认识到家务是一家子的事,是每个人都要参与的。

在教孩子做家务时,要循序渐进。父母不要急于求成。不要让四岁的孩子洗衣服,这样给孩子的负担太重,孩子怎么能做得好?家长给孩子选择家务的类型要适合孩子的年龄。比如四岁的孩子,可以收拾碗筷,整理衣服等等。

孩子是需要赞同的,孩子做得好不好,家长要给予评价。给孩子一定的鼓励,不要让孩子觉得做和不做都得不到肯定。孩子做得不好时,要用委婉的口气告诉孩子哪里做得不好。每个孩子都是聪明的,下次孩子会按照你说的,做出改进。熟能生巧,不能要求孩子一次就能做好。

注意给孩子一定的休息时间。在不影响孩子正常学习下,安排一定的工作,但是工作量不能太大,否则孩子容易精神疲惫,失去对做家务的热情。我们在让孩子做家务中,要注重培养孩子热爱工作和团结互助的观念。

家长要陪孩子一起做家务。别让孩子一个人浇花,而家长在大厅看电视。孩子做家务时,家长可以在旁边做一些别的事,明确分工。比如孩子浇花,家长可以除草。必要时,给孩子一些指导,比如每棵花要浇多少水,才不会让花枯萎。

另外,家里的老人不要太溺爱孩子。老人的观念比较传统,他们认为孩子就应该爱护。在教育孩子的问题上,家里的长辈要达成一致的意见,才能培养出有良好习惯的孩子。

常有妈妈们又气又恼地抱怨:"我家宝贝老是帮倒忙!想帮忙打扫卫生,碰翻了花瓶;想帮忙刷碗,又打碎了盘子;想帮忙洗衣服,又把自己的鞋子弄湿了……总之越帮越忙!"妈妈们的耐心在收拾"残局"时给折腾没了。

事实上,3~7岁的孩子就处于热衷"帮忙"的时期。他们勇于尝试,愿意参与,渴望帮助他人并得到肯定。但由于生活经验和实际能力不足,常常"好心"办了"坏事","帮忙"变成了"帮倒忙"。当孩子仰着小脸,扑闪着清澈明亮的大眼睛,兴致勃勃地恳求你:"妈妈,我来帮帮你吧?"究竟是不耐烦地拒绝他,还是接受他的帮忙,同时鼓励他,帮助他,让"帮倒忙"的小捣蛋变成"帮到忙"的小帮手?看看下面几位妈妈的做法:

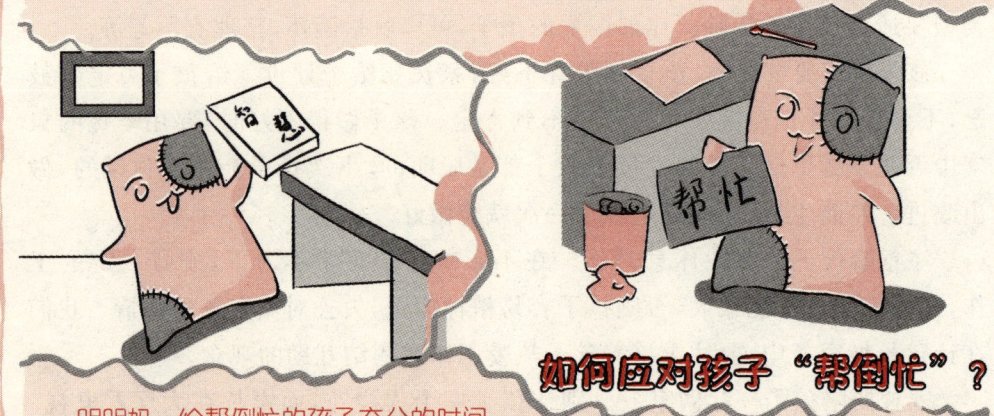

如何应对孩子"帮倒忙"?

明明妈:给帮倒忙的孩子充分的时间

每天清晨起床,孩子都要抢着帮忙整理被子。可是,叠出的被子奇形怪状不说,孩子的笨手笨脚让人看得心急如焚。孩子上幼儿园倒不急,可是他叠被子耽搁的几分钟就成了妈妈上班迟到的罪魁祸首。

对策:晚上尽量安排孩子早睡,和孩子商量好,如果要整理被子,就要比原来提前10分钟起床。

小海妈:给帮倒忙的孩子独立的空间

妈妈洗衣服,孩子也不愿闲着,洗的时候他也洗,漂的时候,他还往洗衣盆里加洗衣粉。洗一次衣服,屋里就狼藉一次,地上到处是洗衣水和洗衣粉。不光要手忙脚乱地制止他,洗完衣服后还要清洁房间。

对策:准备一个小盆,盛上小半盆水,把孩子的手巾放入其中,交给孩子洗。并给他划分一小块地方作为"独立王国",然后互不干扰,各负其责。

行为 16
乱放玩具

行为表现：乱七八糟的玩具

孩子到了幼儿园，给妈妈减少了不少负担。可是孩子回家后，还是会给家里带来不少麻烦。比如，乱丢玩具。

下班后，沙沙的妈妈把沙沙接回家。由于妈妈还忙着做晚饭，就让沙沙一个人玩。沙沙可忙了，一会在这个房间，翻翻抽屉，一会到另外一个房间，掏出积木自己摆弄了起来。等妈妈做完晚饭，看到眼前满地狼藉的玩具，真不知如何是好。而这时候，孩子正为自己堆了个大房子感到自豪呢。

"哎，又乱丢！"沙沙的妈妈一边念叨一边捡玩具。

其实，这已经不是沙沙第一次乱丢玩具了。早在前一段时间，妈妈就发现，只要让孩子自己玩，玩具总会被丢得满地都是。

孩子玩腻了，就把玩具丢一边。然后继续找一些他觉得新鲜的玩具玩。周而复始，家里总是被折腾得乱糟糟的。而这样的烂摊子，每次都要妈妈来收拾。

沙沙的妈妈也经常提醒沙沙，玩过的玩具要记得放回原来的位置。可是，孩子就好像没听见一样，继续一边玩一边丢。

妈妈也为了这样的事，生气了好多回。有时候心里着急了，特别想冲着孩子发火,觉得孩子很不懂事。

心理语言:我不是故意的

孩子在四岁以前,是建立秩序感的重要时期。这个阶段的孩子,会在作息习惯和日常习惯中了解秩序。如果孩子不懂得收拾东西,不要一味地责怪,要先让孩子接受秩序的建立。

家长通常会提醒孩子把玩过的玩具收好,但在孩子没有收拾的时候,家长们通常自己收拾。这样孩子就更不在意了,他知道家长会帮他收拾,自己就不动手了。另外,孩子生性比较急躁。当他玩过玩具后,会迫不及待想玩另外一种玩具,自然没有耐心收拾玩具。

一般处于空间敏感期的孩子不爱收拾东西。有的孩子甚至通过扔东西来感受空间物品的变化,这对他将来掌握空间概念是有帮助的。

每个孩子在空间敏感期时表现的方式都不同。有的孩子会移动家里的物品;有的孩子会扔东西,尤其是玩具;有的孩子特别好动,爬高爬低;有的孩子喜欢翻东西,把柜子里的东西全都翻遍才满意。作为父母,要体会孩子的感受。对于孩子的坏习惯,要善于分析原因,才能帮孩子克服困难。孩子丢玩具的原因大体可以分为几大类:

孩子为了吸引大人的注意

很多孩子发现大人的注意力没在他身上时,会丢东西来吸引注意。家长一旦发现孩子乱丢东西,会过来提醒孩子。

孩子会观察家长的反应。很多家长对于孩子屡教不改表示出的生气、愤怒让孩子觉得很有趣,这样孩子就更想扔玩具。

家长分类太仔细

为了让孩子能够养成收拾玩具的习惯,家长会给物品分类。比如把蔬菜水果等吃的东西放在篮子里,把锅碗瓢盆放在另外的框框里,把积木放在一个特

行为 16　乱放玩具

定的地方,再把机器模型放在另外一个地方。

当家长告诉孩子这些规定时,他们往往不能全部记住,因此不能有条理地对玩具进行分类,干脆就不收拾了。放错了地方,还可能挨骂。

家长不爱收拾或自己乱丢东西

很多家长在接孩子回家后,把孩子的书包或者玩具随便往沙发上一扔,就去忙自己的事了。

这样孩子也会学着家长的做法,玩过玩具之后随意扔在某个地方,等到需要的时候再去寻找。试想,家长自己都乱扔东西,孩子能把东西收拾好吗?

家长没有意识培养孩子的习惯

在家里,父母往往包办一切,收拾房间这样的事通常都是父母在做。其实这样的教育方式是不可取的,如果家长有意识培养孩子收拾东西的习惯,就应该让孩子帮忙做一些力所能及的事。

在收拾孩子的房间时,要让孩子收拾自己的衣服,文具和玩具。长期如此,孩子才会养成收拾东西的好习惯。孩子会意识到,玩具乱丢,最后收拾的是孩子自己,所以也就不乱丢了。

父母的玩具买的太多

现在的家庭生活水平都提高了,加上家长对孩子的宠爱,对孩子提出买玩具之类的要求,家长往往都给予满足。但是,孩子玩具太多,会不懂得珍惜,也会有所偏爱。对于自己喜欢的玩具,孩子爱护有加,甚至不让人动。对于不喜欢的玩具,就置之不理,更别提收拾了。

父母高招：收拾玩具前，告诉孩子步骤

孩子不爱惜玩具，乱丢东西，不仅仅是保持房间整洁的问题，还是有关孩子培养良好习惯的问题。很多家长不以为然，认为孩子还小，不应该要求太高。其实，这些习惯看起来微不足道，但长期如此将影响孩子健康人格的形成。

从小开始，就要培养孩子做事的条理性。孩子在成长中会学会对身边事物的整理和归类。

幼儿的常规意识很薄弱，不能自如地控制自己的情绪和行为。引导孩子整理玩具，要采取一些孩子容易接受的方法。有些家长对孩子重复强调收拾玩具的重要性，殊不知这并不是最好的方法。

想让孩子生活得有条理，父母首先要做好榜样。

在孩子小的时候，家长们应该让孩子感受到家里的整洁。回家时，家长们要把自己的公文包、鞋子都放在该放的位置。让孩子在一个整洁的环境中成长。孩子还没有养成整理东西的能力时，家长要让孩子知道什么东西放在什么地方，用过的东西要放回原处。

孩子的玩具要有地方放，可以给孩子准备可爱的收纳盒，让孩子把属于自己的东西统一放在一个地方，给孩子提供自我空间。

在孩子有较强的行动能力时，让孩子帮忙整理房间。家长们可以与孩子一起收拾衣服，或者让孩子主动把自己换下来的脏衣服放到洗衣机里。让孩子把衣服、袜子、内衣裤分开，放到自己的衣柜里。

如果孩子总是乱丢玩具，家长们不能总是帮孩子捡起来。首先要告诉孩子这样做是不对的，让他有纠正错误的机会，要让孩子自己捡玩具。这样做有利于孩子认识到自己的行为是错误的。

在孩子主动收拾东西时，要适时给孩子表扬。如果孩子收拾与不收拾的结果都是一样的，那么他为什么要收拾玩具呢？

有些父母只关心孩子的生长状况，对于孩子的行为却很少关注。等到孩子已经把乱扔玩具变成一种习惯时，爸爸妈妈才意识到要赶紧纠正了。

家长们可以让孩子体会到失去玩具的感觉。

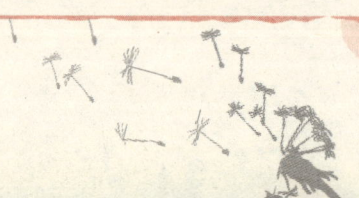

行为 16　乱放玩具

蒙蒙平时在家总是乱丢玩具,这边丢一个机器人,那边丢一个布娃娃。屋子里的玩具丢得到处都是。

有一次,爸爸下班回来,刚踏进家门,就听到脚底咔嚓咔嚓的声音。原来,孩子把机器人丢在门边上,爸爸一进门就踩到了。这下可好,踩坏了蒙蒙最喜欢的机器人。

蒙蒙发现后,哭闹着要爸爸赔给他。妈妈说话了:"蒙蒙,你要是把玩具收拾好,玩具会被踩到吗?玩具被踩坏了,是你没收拾好造成的,不是爸爸的错。"蒙蒙自知理亏,闷闷不乐了一会,也就没吱声了。

从那以后,蒙蒙很疼爱自己的玩具,玩完了总是把玩具归位。妈妈为此还经常表扬蒙蒙的进步。

家长还可以让孩子与别的小朋友形成对比。在其他孩子收拾玩具时,让孩子融入其中。其他孩子做什么,孩子会跟着做什么。其他孩子收拾玩具,孩子也会收拾玩具。

图标可以有效吸引孩子的注意力。当孩子不收拾玩具时,拍下房间乱糟糟的样子。当玩具收拾完之后,拍下房间整洁的样子。可以把照片贴在孩子容易看见的地方,给孩子提供警示作用。也可以拍下玩具收拾好后,玩具归位的样子,这样可以提醒孩子什么玩具放在什么地方,当孩子收拾玩具时,给孩子一个参考。

家长们还可以让孩子和自己比赛,比如,今天孩子收拾玩具用了一个小时,明天用了五十分钟,家长们要给孩子鼓励。如果孩子花的时间比过去的还多,要鼓励孩子继续努力。

好习惯都是长期形成的。家长们应该坚持教养的过程,过程中更需要耐心和信心。只有帮孩子抓住秩序建立敏感期,才能让孩子拥有好习惯。

女儿特别喜欢吃零食，今天又准备让妈妈去给她买零食，可这次妈妈却不肯掏钱，而是神秘地告诉她：

"宝贝，今天妈妈不给你钱，但是你可以从家里的一些地方找到买零食的钱。今天你从床底下、柜子底下、茶几下面等地方找出来的钱，不管多少，全都归你，零食随便买，但前提是你在找的过程中必须把翻出来的灰土和垃圾清理出去，你看这个主意怎么样？"

把家务活演变成游戏
适时适量地让孩子做

日常生活中任何一种家务都是可以被"游戏化"的，这种小游戏不仅可以提高孩子的动手能力，同时还能激发孩子的想象力。

女儿一听说能找到钱，便马上答应了条件，高高兴兴地开始"寻宝了"。不一会在沙发下面，她就发现了许多硬币。同时还扫出了很多垃圾。女儿感到非常快乐，她没有想到做家务也可以这么有趣。

因此，父母在忙得不可开交的时候，也可以给孩子一些表现的机会。

行为 17 讨价还价

行为表现：做事前先谈判

孩子长大后，当我们让孩子做事时，孩子总是跟我们谈条件。很多家长反映，孩子越来越不听话，叫他做这个，他就跟你谈条件。牛牛的妈妈对此表示赞同。

牛牛最近不知道怎么了，变得很爱讨价还价。让他做些什么，他就开始讨价还价了。早上，妈妈让牛牛起床："牛牛，起床了，穿好衣服洗脸刷牙之后，出来吃早餐哦！"

牛牛倒是起床洗脸刷牙了，可是到了吃早餐时，牛牛吃得可慢了。妈妈不满意了："牛牛，再不吃快点，上幼儿园就要迟到了。"牛牛说："妈妈，是不是吃快点，周末你就带我去公园玩？"这下妈妈怔住了，怎么突然想去公园了？妈妈蹲下来问牛牛："牛牛，怎么想去公园？"

牛牛脑子也转得快，说："要不你给我买变形金刚也行。"妈妈纳闷了，孩子怎么一会要去公园，一会要变形金刚了。而且居然还利用吃饭时间谈条件。妈妈觉得不能纵容孩子这样的行为："牛牛！乖乖吃饭，不然晚上不让你看动画片了。"

牛牛一听,开始胡搅蛮缠了起来:"不要不要,我就要去公园玩过山车,我就要变形金刚!不然我就不吃饭。"

心理语言:反正你不答应我就不做

孩子长大了,总有一些自己的想法。很多家长给孩子提出要求时,总得费一番心思让孩子知道提出要求的原因。有些好奇的孩子会追问得很清楚,为什么要这样做,这样做有什么好处。有时候,孩子的想法我们并不赞同,但是孩子却不愿意放弃。结果往往是家长和孩子陷入无休止的"讨价还价"中。家长们每天浪费不少精力与孩子争辩,却仍然不明白,孩子怎么会越来越喜欢谈条件呢?

其实,向孩子解释原因,总比命令孩子强,至少这是对孩子想法的尊重。但是,很多孩子一讨价还价便没完没了。反正你不答应我,我就不按你说的做,这未免使一些家长控制不住自己的情绪。

家长们认真思考下,不难发现,其实孩子讨价还价是父母教给他们的。家长在教育孩子的问题上有很多错误的做法。比如,孩子不爱上幼儿园,不喜欢上学前班,很多家长就会提出交换条件:"今天你好好去幼儿园,周末妈妈给你买变形金刚。"

这样,孩子上幼儿园心里总算平衡点,是想到自己会获得好处。以后每次家长提出要求,孩子就会想:"我按照他们说的做,有什么好处呢?"于是,孩子便提出自己的条件。

妈妈让孩子上床睡觉,孩子会想:"为什么我要睡觉,爸爸就可以看足球赛看到深夜。这不公平,得给我一点补偿才行。"于是孩子就会跟妈妈提条件:"妈妈,是不是我现在睡觉,周末你就带我去游乐场。"妈妈要是不答应呢?"那我要跟爸爸一起看球赛,我不睡。爸爸可以看,我也可以看。"

于是,孩子起床讲条件,穿衣服讲条件,洗脸刷牙讲条件,吃饭讲条件,生活中所有琐碎的事都可以成为孩子讲条件的工具。

孩子这种习惯的形成,是因为这样的行为曾经使他受益。孩子讲条件时,

行为 17　讨价还价

爸爸妈妈如果没有守住自己的底线,孩子便越来越习惯用这种方式换取心理平衡。

其实,不是不能让孩子讨价还价。给孩子一个表达观点的机会是可以的,但是对孩子的要求要有限制。就像楼梯跟栏杆的关系,栏杆限制了行动范围,但是也保证了通行的安全。

孩子讨价还价不仅消耗家长的时间和耐心,也对孩子身心的健康发展不利。

孩子在做事时,首先考虑到的是利益,对自己没有好处的事是不会做的。孩子便处于被动状态,被动地学习。这样的孩子通常缺少探索精神,更不会有责任心和同情心。

当孩子缺少主动做事的能力,会把原本是他该做的事情当成一种交换条件来完成自己想做的事。如果孩子看不到即时效益,便不想做事。当孩子把"谈判"当成一种习惯,在每一次谈条件成功之后,孩子就会用尽心思准备下一次的"交易"。这样的孩子,便丧失了做事的主动权。

很多家长表示,孩子总是讨价还价,很多时间都花在和孩子讲道理或者争论上。孩子父母各不相让,家长苦口婆心想让孩子明白道理,孩子则非要谈条件,两方相持着,最后浪费了大量的时间。

然而,最严重的问题还不是时间。很多家长发现,到最后,局势已经不由大人掌控了。家长磨破了嘴皮子,孩子还是在带他去游乐场才吃早餐的事情上跟你喋喋不休,眼看着上班时间一步步接近,为了让孩子能早点吃饭去幼儿园,妈妈只能答应孩子。

家长的权威慢慢下降,孩子在任何一件小事上都要花很长时间谈条件。家长本来想给孩子提供民主的环境,没想到却助长孩子讲条件的不良风气。当家长克制不住情绪而暴怒时,孩子会适应不了家长一时的情绪变化,为什么以前可以讲条件,现在讲条件妈妈就生气呢?

父母高招：调动孩子的快乐指数

家长每次跟孩子提出要求的同时，要让孩子知道为什么要这样做，分清孩子该做的事和不该做的事。但是，很多孩子总是有很多疑问，甚至不肯放弃自己的想法。

孩子因为年龄小不懂事，才会有这些举动。家长在跟孩子的交流中一定要变被动为主动。只要家长们掌握了科学的教育方式，便会达到事半功倍的效果。那么怎么预防和改正孩子讨价还价的坏习惯呢？

平时就不该有讨价还价的做法。比如，在孩子不去幼儿园时，不要跟孩子说，今天去幼儿园，改天我们就去哪里玩之类的。

家长在教育孩子时，要设定一条底线。这条底线在家长与孩子争论时，会约束孩子的行为，适时地结束争论。

家长可以和孩子约好，孩子可以讲条件，但是最终决定权在父母。在合理范围内，爸爸妈妈将答应孩子的请求，满足孩子真正的需要。但是，一旦孩子越过底线，爸爸妈妈将拒绝他的要求。

家长们要有明确的立场，一旦做出决定，就不要更改。在平时生活中，注意让孩子认识到什么是自己该做的。

不要因为孩子大哭大闹而做出让步，家长们如果摇摆不定，孩子就会抓住家长的弱点，哭哭闹闹试探家长。

如果孩子在某方面做得好，家长们不要给孩子太多的物质奖励。如果孩子表现突出，可以给孩子一些精神鼓励。比如，亲亲孩子的脸，表示疼爱，或者拥抱、摸摸头。

给孩子足够的精神鼓励与物质鼓励有很大的不同。精神鼓励往往是有益于孩子身心健康发展的，会增强孩子的自信心和成就感。物质鼓励往往会助长孩子的虚荣心。

家长的语言表达也会影响孩子。家长说话方式的不同，会给孩子带来不同的感受。在要求孩子做事时，不要让孩子感觉你在求他。倘若家长改变一下说话的方式，往往会取得意想不到的效果。

行为17 讨价还价

比如当你让孩子睡觉时,孩子反驳:"爸爸还没睡,我为什么要睡。"家长不要用强硬的口气对孩子说话。可以对孩子说:"睡觉时间到了,假如不睡觉,明天起不来,上幼儿园就会迟到,那样,所有的小朋友会笑你是懒虫哦!"

孩子会从家长的暗示中体会到晚睡不好,会主动服从你的要求。此外,家长们还要学会让孩子自己承担后果。如果孩子不愿意吃饭,非要有附加条件才肯乖乖吃饭,那么家长要狠下心来,不吃就不要吃了。让孩子饿肚子,等到下一餐,孩子便会主动要求吃饭。不仅如此,孩子还会明白,想让吃饭变成交换条件是行不通的,而且还要饿肚子,对自己没有好处,孩子便也不会这样做了。

家长们的态度保持一致,是教育好孩子的前提条件。当父母一方拒绝孩子不合理的要求时,另一方不要当着孩子的面反驳。如果父母双方意见不一致,孩子容易从中投机取巧,想方设法坚持自己的想法。家长若想法不同,可以商量商量再告诉孩子。

当家长拒绝孩子时,要向孩子讲明拒绝的理由,让孩子知道为什么不行,理解什么是可以做的,什么是不可以做的。应该做的事,不能提出要求才做。

有一些事情可以和孩子共同商讨。比如,家长要求孩子在十分钟内吃完早餐。但是对于幼小的孩子来说,十分钟吃完早餐有点匆忙。如果家长发现孩子确实存在难度,就应该跟孩子商量,确定合理的时间。

孩子处于懵懂时期,他们的思想往往很单纯,因此家长们也需要有一颗真诚的心去和孩子共处,这样才能帮助孩子。

孩子最**反感父母**的三件事

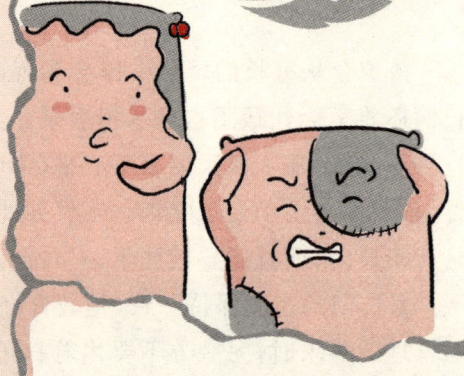

父母太啰嗦——"很多话讲一遍就足够了！"

现场

说法1——刚上初一的孩子说："很多话讲一遍就足够了。"有些事情父母唠叨次数太多，孩子自然会产生逆反情绪。

说法2——有一位母亲说她每次看到儿子玩游戏就忍不住叫他去看书，结果儿子不仅屡教不改，还变本加厉。

专家点评

缓解此类矛盾最根本的方法就是父母和孩子加强交流。父母应该多学习新鲜知识，与孩子有"共同爱好"，孩子就会理解父母的良苦用心。

父母太功利——"除了学习，别的都不关心！"

现场

说法——孩子说，父母似乎只愿意和她聊学习的内容。其他的话题只要一聊，父母就兴致索然，总喜欢把话题转向成绩。

专家点评

只关注子女成绩的家长应注意，这种做法会让孩子很快产生逆反情绪。现在社会需要的是全面发展的人才，仅仅拥有好成绩是远远不够的。

父母少鼓励——"总拿我的缺点和别人的优点比！"

现场

说法1——孩子和以往相比成绩明显提高，但父母听后非但没夸奖，反而说他做得还不够好……

说法2——有的孩子愤愤不平地说："父母总是拿别人的长处和我的短处相比。"

说法3——家长却认为：孩子就像"弹簧"，只有多施压力，才能激发出更多潜力。

专家点评

不要把孩子当做可随意挤压的海绵，适当的压力确实助于前进，但压力过度会使孩子丧失信心。父母要明白，大进步、小进步，都是进步，同样需要表扬。

行为 18

怕黑

行为表现：不敢上厕所

人类天生会对未知的东西产生恐惧，这并不奇怪，但原来不害怕，突然对各种事情都开始畏惧了，这就有点问题了。

天天是男孩，刚满三岁，已经学会了自己上厕所。

在家里厕所的旁边，父母特意为天天安装了他能够得着的开关。每次上厕所时，天天就像在表演一场只有他能完成的任务一样，轻轻地下床，轻轻地走到厕所旁边，小心地将按钮打开，轻轻地关好门……

那时他做得非常好，父母完全不必为他担心，甚至天天晚上起床，父母都不知道。

可不知道何时起，每次天天起床上厕所，总会弄出很大的声音，而且慢慢地发展为必须要妈妈陪着，他才肯上厕所了。不仅如此，妈妈还发现最近几天，他对各种事情都表现得非常胆小，幼儿园老师说他不爱动手，也不太跟其他小朋友玩耍，许多活动也表现得不够积极。如果说是天天担心自己做不好吧，可他原来表现得挺踊跃的啊，为什么这孩子突然变了呢？

天天的父母非常着急,一方面担心天天养成要陪着上厕所的习惯,另一方面,孩子表现不积极可能也因为胆小。怎么能让孩子变得胆大一点呢?到底是什么让孩子突然这么胆小呢?

心理语言:不明原因的恐惧

孩子在降生时对外面的世界一无所知,他们期待得到爱、温情和理解。当某些他们不能理解的事情发生时,或经常受到冷落,就容易使他们感到恐惧。而孩子往往比成年人更敏感,许多成年人感到无所谓的事情都会惊吓孩子。孩子尤其对突发的、痛苦的或缺乏亲情的情况没有思想准备。比如跟母亲或父亲分离;未对孩子解释就突然更换保姆;家里人情绪激动的谈话;被好事的亲戚拿来取笑逗乐;电视节目中的暴力等等,都能使孩子受到惊吓。

可能往往有些细节父母忽略了。接下来我们举出几个例子,父母也想想,你的孩子是否也有这种情况呢?

一天,妈妈带着壮壮去电影院看一部纪录片。片中有一个镜头,一座巨大的雪山因为地壳的震动而崩裂,同时发出巨大的声音。当时在观看时,壮壮就显得非常紧张,他紧紧地靠着妈妈,并抓住妈妈的手,让妈妈帮他捂住耳朵。后来电影没有看完,母子俩就离开了电影院。

妈妈发现了壮壮的情绪波动,在回家的路上就跟壮壮聊电影中的片段,并说到什么情况下才会发生这种情况。可当时的壮壮并不是很理解妈妈的话。

接下来,妈妈对壮壮基本上采取忽略、不过分关注和适时引导的方法。妈妈认为如果恐惧已经影响到了他的情绪,自己会在他愿意的时候和他谈一谈,了解原因,但不强迫他一定要说出来,或一定要改正。

孩子的成长是一个漫长的过程,每一个孩子成熟的阶段也是不一样的,有很多事情需要他自己去想办法解决。父母的心态要平和、自然,不要过分焦虑或过度关注,相信孩子的每一个阶段都是成长的必然过程。当孩子自己意识到这种恐惧心理是很可笑的时候,他就已经长大了。

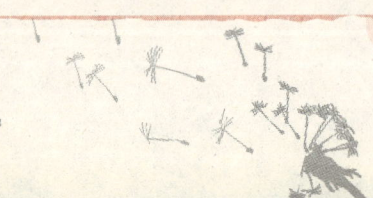

行为 18　怕黑

壮壮妈妈的做法非常值得借鉴,父母的智慧往往能让孩子减少痛苦。接下来咱们再看下面这位妈妈是怎么做的。

有一次,妈妈给林林讲《雪孩子》的故事。当妈妈讲到雪孩子救出大火中的小兔子,而自己渐渐融化的时候,他显得格外不安,还强烈要求妈妈不要再讲了。而且以后每次再讲故事,林林都要提前问妈妈:"有危险吗?"只有知道了没有危险,他才会去听。

前一段时间,林林对楼前面停放的一辆破旧的小汽车,产生了一种莫名的恐惧心理。每次经过那里,他都要闭上眼睛,让妈妈拉着他的手快步走过去。有时,为了躲避那辆汽车,甚至要绕很远从另一条路走。

当妈妈问他为什么不愿意看见那辆汽车的时候,他似乎说不清楚原因,只是说:"不为什么!"妈妈也就没再管他,而他对那辆破车的恐惧也一直没消失。

孩子年纪小,对世间许多事物都有可能感觉恐惧,一直感到恐惧的孩子会很难与他亲近的人保持密切接触。

他不能承受你长久的注视,也不能很快去试探并依赖他人。他会经常处于一种"戒备"状态,不能松弛下来平静地享受亲友的陪伴。惧怕也会使孩子变得急躁和难以满意,稍不如意就可能由于不耐烦而生气。

其实,父母是完全可以帮助孩子摆脱恐惧的。孩子的恐惧感会随着发抖、干嚎、出汗和发脾气宣泄出来。在整个过程中,他们需要父母在身边给予关怀,正如他们在哭泣时需要关注一样。

父母高招:用触觉改善恐惧

当孩子感到恐惧时,他们不哭叫,也不跑向什么人寻求帮助。他们以明显的"行为异常"的方式寻求帮助。他们或固执地躲避某些活动、某些人或地点,或是对他们感到害怕的场合采取攻击性行为。

孩子的恐惧也经常间接地表现为愤怒。一旦你的孩子在恐惧中大哭起来,你赶到他的身边想帮助他时,以下原则会告诉你基本的做法。

1. 搂紧孩子。确保只要他愿意,他就能清楚地看到你。你应当尽可能地显示出你确信一切都好。你应轻柔而坚决地把他紧搂向你,鼓励他看着你,告诉他你就在他身边,他随时都可以看到你。

2. 即使孩子拼命要推开你,你也要坚持靠近他。要使康复机制起作用,孩子需要一个宣泄恐惧的对象,而你通常就是他近旁最安全可靠的一个对象。

3. 对孩子解释你为什么要守在他身边。为了表明你是为他好,而不是要为难他,你要一再向他解释你为什么要守在他身边。解释得越充分,他越能信任你。你可以说,因为当他害怕时,你要和他在一起,你知道他现在没有危险,你爱他,不愿让他独自体验恐惧等各种靠近他的理由。

4. 如果孩子攻击你,你要防止自己受伤。

5. 让孩子知道现在他是安全的。不断地用话语安抚孩子,有助于他们宣泄恐惧。你的声调很重要,平衡的声调比话语本身更能令人安心。你的声调越充满自信,他越能面对恐惧。

6. 拥抱孩子。

7. 一旦你感到害怕或愤怒,请立即中止帮助孩子的尝试。

经过上面的几个动作,孩子会知道在你怀里,是安全的,是可以依靠的。在安抚了孩子的情绪之后,接下来就要尝试恢复的过程了。

一、让孩子亲眼看到自己曾经害怕的东西

如果孩子晚上害怕自己上厕所,仅仅是害怕黑暗的话,那妈妈就把整个房子的灯都打开,带孩子到每个角落去看。连续几个晚上,孩子自然会对家里的许多角落产生熟悉感,慢慢地淡忘了害怕。如果第一次,孩子并不敢去看的话,父母也不要勉强,慢慢来,孩子自然会对家里产生安全感的。

二、鼓励孩子去接触令他们感到恐惧的事物

当孩子跑到父母身边,试图躲避他们害怕的事物时,可以当即启动治愈过程。首先要保证他的安全,去除不安全因素。然后,温和地鼓励孩子面对使他害怕的事物。让孩子看着他所怕的人或物,也可以试着朝那人或物靠近一点

点。如果孩子吓得发呆,父母就带他走得远一点再让他看。也许得轻推孩子一下,把他的脸从父母的膝盖上移开,或一起朝着那人或物挪近一点点。

父母需要达到一种微妙的平衡:爱护与安全,加上让孩子感受到些许恐惧。如果父母表现得有些冷淡和不耐烦,孩子觉得不得不服从,就无法放松地宣泄自己的恐惧感。如果父母给予过多的同情,他会失去体验恐惧的机会,而这种体验是治愈过程的重要组成部分。

三、父母的胆小凸显孩子的胆大

如果孩子的恐惧不是很严重,父母可以先鼓励他发笑来帮助他消除恐惧,这样可以释放紧张情绪。在他感到安全时,父母可以装出自己也害怕他所怕的事物的样子,孩子就会笑起来。当父母用笨拙可笑的动作表现恐惧时,孩子会开心地大笑不止,甚至可能会以强者的姿态加入游戏,对妈妈说,"我能告诉你怎么办,你得听我的!"这种新的力量平衡:大人吓得束手无策,孩子反而胆大有为,是对孩子日常体验的难得的补偿,随着他的串串笑声,紧张情绪会渐渐消除。

当孩子由于害怕而无法正常思维,进而出现打人或其他暴力行为时,父母应该预见到会发生的麻烦,在孩子做出攻击性行为之前及时制止,以免造成伤害。如果孩子已经弄伤了别人之后你才赶到,孩子通常会沉浸在内疚中,无法体验其他感受。他也不会有足够的安全感使自己能痛快大哭或发抖以排除恐惧。

揭密孩子的
36种行为语言

在治疗孩子的恐惧过程中，不可能一步到位，孩子一下就不怕了，只能慢慢来。父母要有充足的耐心，看到孩子一点一滴的进步。

拿孩子的今天与昨天比较

要看到孩子的进步就要拿孩子的今天和昨天相比，而不是拿孩子与其他人比较。或许孩子这次考试没有邻居家孩子考得多，但是却比上次进步了一大截，此时孩子多么希望父母能表扬他。

当孩子的表现达不到家长的要求时，不应马上责备孩子，应该看看孩子是不是比从前进步了。

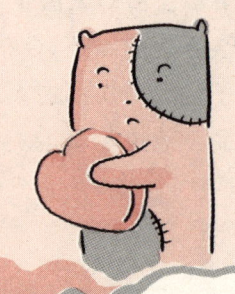

与昨天相比，孩子有进步的地方要多鼓励，树立孩子的自信心，让孩子逐渐进步，直至达到父母的要求。

专家提醒

行为 19
画得好还是画得像

行为表现：画画一定要画好吗

露西是一位在中国执教的美术老师，她出了一个"快乐的节日"的命题让孩子们去画。结果，她发现很多孩子都在画同一样东西——圣诞树。

露西觉得很奇怪：怎么大家都在画圣诞树？

开始，她以为孩子们很友好，想到她是美国人，就画了圣诞树。接着她又发现不对：怎么大家画的圣诞树都是一模一样的呢？原来孩子们在比着墙上一幅圣诞树的画在画。

于是，露西把墙上的圣诞树遮起来，要求孩子们再去画"快乐的节日"，令她深感失望、更感到吃惊的是，孩子们竟然抓耳挠腮、咬笔头、瞪眼睛，你望我、我望你，就是无从下笔。

这件事对露西的触动很大，她在执教美术时，开始有意识地观察这些学生。她发现，中国学生画技一般很好，他们画完画后，最常问的是"我的画画得像不像？"

而露西在迈阿密大学美术学院办的儿童绘画班代课时，班上的大部分美国孩子画技一般，作品更是不敢恭维：没有比例、不讲布局、更无结构可言，甚至连基本笔法都不会，肆意涂鸦。但他们从不问"我画得像不像"，而只问"我的画好不好？"

心理语言：不断重复画，是孩子在创作

当孩子们画画时，他们对绘画对象的了解并不是很清楚，他们的理解只是讲台上老师挂着的那幅模板画。因此，当孩子们问老师"像不像"的时候，他们所指的就是像不像教室前面挂着的那幅画。

参照物的比较

既然有"像不像"的发问，就一定有一个可依据的"参照"来评判"像"还是"不像"。

当一个人从小反复接受这种模式的训练，就会习惯性的以"像不像"来要求自己。随着年龄的增长，"像不像"的问题也会与现实生活有一定的联系。由于这种训练往往培养的是一种比照式的线性思维，很多人就会形成一种动力定式导致的定向思维。

在美国，孩子学绘画，老师往往不设样板、不立模式，让孩子从现实生活到内心想象的过程中自由"构图"。所以，当露西执教儿童绘画班时，班上的美国孩子才会有那些五花八门的、"一塌糊涂"的画作"问世"。因此，美国孩子画完画后只问"好不好"，而不关心"像不像"。

从绘画角度来说，长期以"像不像"为标准评价画作，会使绘画成为一个简单的由眼睛到手的过程，由于没有"心"的参与，也可以说是一个类似"复印"的过程。而我们要倡导孩子画自己心中所想，哪怕是不断重复地画，对于孩子来说都是一种宣泄，是一种自我肯定的过程。

儿童绘画倡导由心开始画

从孩子可以执笔起，孩子的涂鸦的内容会越来越丰富。面对孩子稚嫩的小

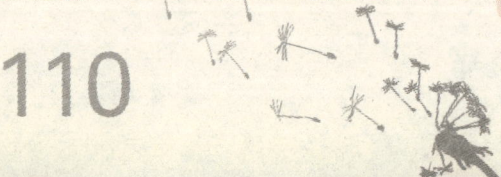

行为 19　画得好还是画得像

手用力地戳在纸上时的那种尝试,父母该如何去面对孩子的创作呢?

两岁以下的孩子在画画时,能在纸上表现的仅仅是笔尖运动的痕迹而已。面对这样的创作需求,父母要做的是:让他充分地乱画,并且不要教他画形状;如果已经教了形状,要马上停止教形状,孩子会恢复他原来自由的画法。还要给他准备像纸挂历那样大的纸,让孩子随心所欲地画。

3~4岁的孩子在画画时,能够驾驭的仅仅是线条、圆圈,但随着年龄的增长,他们对这几种表现方式能够运用自如。在这些大人看不出什么的涂鸦线条里,已经包含了孩子要表现的一个有情节的故事。比如说孩子画了一个大圆,说是爸爸,再画了一个圆,说是妈妈,再画一个更大的圆,当作家,并且还要讲述这个家里发生的事情,如"爸爸妈妈吵了架,妈妈哭了"等等。不仅如此,他还会在自己的作品中插入更多想象的东西。

此时父母们要注意,不要给孩子多种颜色的笔,控制在三种以内最好,并且不要让孩子给画上色,多注重孩子要表现的内容,以及对画的表述。

4~6岁的孩子在画画时,不仅能够画出圆圈,同时会给圆圈加上小胳膊小腿,并且能够根据脑海中的形状,绘画出各种父母没有见过的图形。

这个时期的孩子可以用比较粗的彩笔,父母还要带孩子多出去写生,以丰富他的画画内容。

5~6岁的孩子,对色彩已经非常感兴趣了,家长可以提供给他们丰富的色彩。由于色彩能构成"面"的概念,而孩子在画出基底线(使画面有序的功能线条,如地平线等。一般孩子五岁半左右都能自然地在涂鸦中表达出基底线概念,如果2~3岁就涂色,那一定是成人干涉的结果,不是孩子真实的发展和表达)后,孩子已经出现有序表达的意向,色彩构成的面所形成的有序特点也自然被孩子关注和喜爱,这时候色彩才对孩子的表达真正产生意义。

父母高招：转变想法重新理解画画

对孩子来说，"涂鸦"和语言一样，是一种重要的情感表达方式。孩子涂鸦不是靠技巧，而是以思维和情感为基础的，他在涂鸦中注入了大量的精力、思维和情感。孩子的涂鸦线条，家长可能"看"不明白其中的画意，只有"听"了以后，才能理解。

这种自由自在的画画方式还可以让孩子尽情表达自己的情绪。不少国外心理学家都是通过孩子的涂鸦作品，通过他使用的颜色、匪夷所思的构图、自然流畅的线条，来研究孩子的内心世界，一般精准度很高。

因此，鼓励涂鸦是儿童行为及心理专家倡导的。父母可用多种方式参与孩子的涂鸦游戏。

例如，借用他画好的作品说故事，再根据故事的情节让孩子在原有的画面上添加一些新的东西；让孩子试验各种色彩的搭配，创造一个绚丽多彩的想象空间。保护"涂鸦"，就是保护想象；赏识"涂鸦"，就是鼓励想象。面对孩子的"涂鸦"，不要禁止，要鼓励，涂鸦吧，这是孩子的开心乐园。

孩子画错了，是否要纠正？

如果孩子把太阳画成了方的而不是圆的，家长是否应该纠正？专家认为这完全没必要。

涂鸦期是孩子的摸索期，他们会根据自己的认识来摸索事物的本来面貌。如果家长看到孩子画了方形的太阳，对孩子说"不对，太阳是圆的"，孩子可能会产生抵触心理，他会认为自己没有得到父母的认可，或父母不喜欢他的创作，导致孩子的积极性降低，涂鸦的欲望受到打压，思维能力受到限制。

孩子的画与其经验积累有关，他们在生活中增加经验，并体现到涂鸦的画作上。如果孩子涂鸦的事物与真实的不一致，家长也不要阻止或纠正，可以带孩子到室外去看一看真实的太阳是什么样的，给予正面的引导。孩子的想象力重于绘画技巧。

行为 19　画得好还是画得像

因此,家长最好不要买"依葫芦画瓢"式的白描画册让孩子临摹,这种在现成图案上加一张透明纸膜的画册会扼杀孩子的想象力,孩子不能从中学会如何观察事物。

如果孩子画出了方形的太阳,父母要把关注点移到孩子想表达什么上,是否有什么心灵的感触,而不是关注孩子画得像不像。除此之外,有些父母会对孩子的涂鸦进行这样的评价:"你画的这棵树真漂亮!"可孩子画的可能并不是一棵树,这样反而让孩子失去了信心。

孩子把墙面画脏了,如何是好?

孩子的涂鸦期也是好奇心的敏感期,他们在家长提供的纸上画完后,会想要尝试在其他地方画。如果孩子想在墙面、沙发、桌子上画画,家长该怎么对待呢?

专家表示,父母应该少批评孩子,然后给孩子划定一个涂鸦区域,建立秩序感。同时,父母如果害怕弄脏墙壁,可以多贴一些白纸在墙上以防万一。

由于1~3岁孩子的自制力不强,即使家长与孩子一再约定涂鸦的区域,也很难完全避免孩子超出涂鸦区域进行创作。父母如果希望孩子只在房间里涂鸦,就把笔和纸都放在房间里,客厅不要出现笔。

还有一点很重要,要给孩子正面的信息,让孩子明白他"可以做什么",而不是告诉孩子"不要做什么"。因为孩子接受的是直观的信息,当家长告诉孩子"不要做什么"时,他们接收并记住的信息常常是相反的。

父母可以和孩子一起涂鸦。如果家里有穿旧的T恤,可以买来颜料,让孩子画,然后穿在身上,这有助于孩子自我肯定意识的发展。

孩子那些令家长难以理解的行为

孩子们一些傻气的做法，需要父母细心地体会，不要轻易评判，否则就会误导孩子。

追求完美不是笨

生活镜像： 妈妈叫孩子把小凳子搬来，孩子准备双手去搬，姥姥一只手拿起凳子腿递到孩子手里，孩子不乐意了：

"不是这样搬的。"

说着，孩子把凳子放回原来的地方，双手搬来。姥姥笑着说："这孩子可真笨。"

专家分析

这样的孩子不是笨。每个孩子都会经历完美敏感期，这段时期的孩子做事情讲究完整性。一旦他们设想好的东西没有按照自己的想法实现，孩子就会感到不满。这时家长在给予必要的指导时，不要抱有过多的批判。

实施破坏不是错

生活镜像： 孩子常常故意搞坏家里的物品，还把自己的玩具拆得乱七八糟。这让父母非常头疼，于是对孩子大声地指责，试图阻止他这种破坏行为。

专家分析

其实，孩子玩弄物品是一种学习。所以，父母最好不要阻止孩子探索事物的好奇心。如果父母经常粗暴地阻止孩子的探索，时间长了，孩子就会渐渐地失去探索事物的动力。

行为 20 模仿

行为表现：不管好坏，孩子爱模仿

孩子的成长中，总会出现这样或那样的事情，而一直关注孩子的父母，也会随着他的成长而变得"喜怒无常"。

亮亮四岁了，出门跟邻居小朋友一起玩回来后，妈妈发现亮亮说话有点不清楚，以前不会出现这样的事情啊。经过一段时间的观察后，妈妈发现孩子有心在模仿小区里那个兔唇女孩说话。

撇着嘴唇，含糊不清地说出他想要吃糖的意愿后，妈妈非常愤怒地打了亮亮一巴掌，并责骂道："好的学不会，不好的一学就会！好好说话，再这样说，你还得挨揍！"

亮亮面对妈妈突如其来的变化，顿时吓懵了，不知道妈妈这股怒火从何而来，只能坐在地上大哭起来。

其实像亮亮这样爱模仿的孩子还是不少的。爱模仿的孩子一般都聪明伶俐，比较惹人喜爱。由于生活环境的不同，有些孩子学会的，不光是讨人喜欢的技能，一些坏习惯、恶习，也通通被孩子收入囊中。还有的孩子的模仿更是随时随地,比如小朋友摔一跤,他也会跟着摔一跤,小朋友喜欢什么动物,他也会喜欢什么动物。对于孩子看似没有主见的行为,父母该怎么办呢?

心理语言:模仿是最初的学习手段

模仿是标志孩子成长的一个特征,当他发现"我"与他人之间的区别后,会开始有意识地模仿。这是社会化的开端,因为模仿意味着分享、交流,他不但模仿别人,也期望别人模仿自己,他常常说"你看我……"

说孩子好的学不会,不好的一学就会,其实是没有依据的。如果他那么喜欢模仿,喜欢大同,那么他对好的和不好的东西的吸收力是一样的。

但是当他行为不适当时可能会引起你的特别关注,你第一反应就是这孩子跟谁学的。发现那个被模仿者,找出问题的关键,才会有好与不好之说。

家庭和社会是相互作用的两大系统,父母如何处理孩子从外面吸收回来的东西,在某种程度上将导致它的消亡或持续。事实上他学习的行为更多属于一项新技能,父母先不要立刻赋予它意义。

如:他说呸,只是他感到好奇,你不要想着他怎么就这样对待我呢,感到特别不舒服。父母需要忽视它,因为孩子不断重复学习技能,一旦他掌握了,就不再有兴趣,除非他发现这项技能拥有神奇的力量——它会伤害你,或激起你的特别反应,它才可能持续下来。

实际上,除了坏的模仿,孩子也总有些好的模仿不是曾经让你捧腹大笑吗?

案例一:奶奶的小影子

亮亮发现奶奶在走路时总是弯着腰慢吞吞的,他问妈妈怎么回事。妈妈说奶奶年纪大了,驼背了腿也不好了。

"噢,我明白了,年纪大了走路就是这样的。"

亮亮边说边学着奶奶的样子弯着腰、背着手、慢腾腾地走起来,全家人都哈哈大笑,说他学得太像了,简直就是奶奶的小影子。

行为 20　模仿

这下亮亮学得更起劲了,还一手拄着奶奶的拐杖一手捶着后背。妈妈眼泪都笑出来了,亮亮偷偷地想:"看我厉害吧!"

案例二:妈妈的跟屁虫

那天晚上小海喊妈妈陪他玩游戏,可是妈妈说她正在工作,不要打扰她。

小海心想:"工作,什么是工作啊?"

于是,他好奇地跑到妈妈跟前,妈妈正拿着一支笔在纸上不停地写啊写。"啊,原来这样就是工作啊,那我也要工作!"

妈妈让爸爸也帮小海找来纸笔,他就手握着笔在纸上乱画乱戳,爸爸刮着他的小鼻子说:"简直就是妈妈的跟屁虫,哪有你这样工作啊?"

"嘻嘻,我就是喜欢妈妈,妈妈干啥我就干啥。"

模仿游戏是孩子成长必需参与的游戏,因为它可以培养孩子的创造力,也可以丰富孩子的生活体验。除了前文中的模仿外,孩子还常模仿他人眨眼睛、吸鼻子、清嗓子、耸肩膀等,这种模仿被统称为抽动障碍。

对待此类模仿,家长正确的态度是:首先要带孩子去看专科医生,比如眨眼睛的就去看眼科医生,吸鼻子的就去看耳鼻喉科医生。

把局部的问题排除之后,家长就要审视心理因素了。平时要给孩子减压,不要过分提醒、指责。

另外,最好与幼儿园老师沟通,请老师也进行配合。抽动障碍的病程,短则几周,长则两三年,家长一定要有充分的耐心,给孩子坚定的心理支持。

模仿来的"病",大部分都有心理原因,因此家长要从心理方面下工夫。如眨眼睛的问题,可以带孩子去医院开点保健性质的眼药水,让孩子以为"点了药水,问题就会消失了",其实是让孩子心理得到安慰而使病症消除。

父母高招:利用模仿,增强孩子的身体机能

"爱模仿"是孩子的天性。三岁的幼儿正处于认知学习阶段——"所有"他看到、听到、摸到的,都是他学习的对象。到四岁左右,幼儿爱模仿的特点更加突出。

三岁前儿童已经学会模仿,但常常受能力的限制,模仿的对象较少。四岁幼儿的模仿现象显得较多,一方面是由于他的动作和认识能力比以前有所提高,另一方面也是由于他们主要是模仿一些表面现象。

3~4岁的幼儿看见小朋友在做什么,自己也要做什么,看见别人有什么,自己也想有什么。比如,看见别人在玩球,就想玩球,看见别人戴帽子,自己也要戴帽子等。模仿是认识(即学习)的初级形式。幼儿模仿的对象,往往是鲜明生动的现象。模仿是这一时期儿童的主要学习方式,他们通过模仿来学习别人的经验和行为习惯。

家长要尊重孩子的模仿,因为模仿是孩子从无到有的创新过程。只要孩子的模仿行为不妨碍他人,父母都应该鼓励,并且创造良好的条件教孩子模仿。这样既丰富了孩子的认知经验,又能让孩子在模仿中学习本领,他们对正确的事物模仿越多,积累的生活经验就越丰富,想象和思考的空间就越开阔,敢于创造的机会就越多。

同时,可以利用孩子爱模仿的特点来增强孩子的身体机能。以下这两个方法,父母可以尝试。

案例一:让孩子随着音乐尽情舞蹈

欢欢是个聪明伶俐的小姑娘,经常能够发现同学的特点,每次模仿同学都引得大家哄堂大笑,最近妈妈为了她这个模仿可真是伤透了脑筋。

虽说模仿特征不是什么坏事,可怎么能引导好孩子这个特长呢?

这天,一家人在看电视,电视上表扬了一个模仿者在学习歌手唱歌的样子。于是小欢欢坐不住了,拿了根黄瓜就开始学了起来。大家都在夸奖欢欢,妈妈看到这里,灵机一动,问欢欢:"欢欢,你学得是谁呀?"

"不就是他吗?"

"那他有什么特点呢?"

欢欢听到这里,开始注意起电视上的表演者,静静地坐到一边观看去了。不一会儿,欢欢就看出了特征,兴高采烈地跟妈妈说去了……

以后,每当看到同学或老师的某些动作,欢欢都会记下来,然后把一些相关的动作进行加工,自编自演了一套舞蹈。儿童节表演后,欢欢的节目深受同学们的喜爱,还获了奖呢!

孩子的行为,无所谓对与错,关键看家长的引导,下面这位父亲的招数更是简单。

案例二:看球

亮亮的老爸是个球迷,每次看球都会耽误亮亮看动画片。为此亮亮不知道哭闹了多少回了,可每次不是被妈妈拖走,就是被奶奶哄走。亮亮的爸爸也是烦恼啊,眼看世界杯足球赛又开始直播了,哪能落下呢,要想想办法才好啊。

这天,亮亮在家里玩一个小皮球,用腿踢着踢着就摔倒了,自己坐在那里哭起来。爸爸走了过来,对亮亮说:"儿子,你真厉害,居然会铲球!"亮亮一听便问爸爸:"什么是铲球啊?"

于是爸爸带着亮亮走到电脑旁边,找出了许多运动员的动作,孩子在那里模仿,边模仿还边问爸爸关于运动方面的知识。爸爸说起足球,真是如数家珍啊,从球技说到球队,再说到国家队,整整说了一个下午,亮亮也是越听越有劲,于是跟爸爸一起关注了足球比赛的直播,亮亮比爸爸还要激动地等着看呢!

在一位育儿专家的讲座上,专家让大家做这样一个游戏:

专家举起右手说:"请大家都把右手放到下巴上去。"说着,专家右手放到了额头上。结果只有少数人听了专家的话,把手放到了下巴上,看到专家把手放在额头上,很多人也把手放在额头上了。

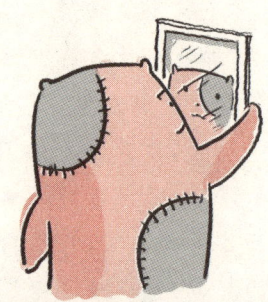

孩子照猫画虎,父母要做好榜样

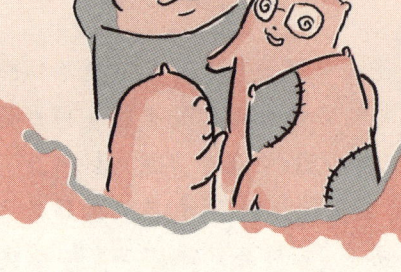

这时,专家责问道:"我明明说的是把右手放在下巴上,为什么那么多人都放在额头上了?"大家纷纷说是看他放了才放的。此时专家说道:"身教重于言教。"家长们恍然大悟。

孩子有模仿的天性,因此,对儿童的说教,即使重复上千次,也比不上家长现身示范有效果。

如果家长自己都不能达到对孩子的要求,那么又怎么能树立起自己的威信呢?每一个成功的父母都应该以身作则,以实际行动影响孩子,让自己和孩子一同进步。

行为 *21* 拒绝吃饭

行为表现：不吃，就不吃

吃饭，本来应该是饿了就吃，很自然的事情，可随着家庭4：2：1模式的演变，"不吃饭"的孩子越来越多了。其实说白了，孩子不吃还是因为不饿。但是，为什么不饿，怎么让孩子到点就饿，到点就吃，成了许多父母的烦心事。

自从放暑假在家，可可吃饭就没有规律，食欲也不是很好，整天就想着吃果冻、糖果、牛奶，每餐只能吃一点点主食。

这天午餐，奶奶烧了几个素菜，特地给可可炖了排骨汤，让孩子泡饭吃。妈妈下班回来，估计是很饿了，直接把汤倒在自己的碗里。可可看到妈妈的行为非常生气，推了下碗，大声说："我不吃了！"

妈妈还在纳闷呢，可可就跑到一边看电视了，妈妈生气地对可可说："不饿就不吃，晚餐也不用吃了！"说罢，吃完饭又去上班了。

奶奶看到这里，便端了碗饭走到可可身边，好说歹说，劝他吃了两口。不到五点，可可就饿了，自己偷偷地拿了果冻和糖果，又坐到电视机旁去了。结果可想而知，可可的晚餐又不用吃了。

心理语言：心里有事，吃不下

为让孩子吃饱吃好，保证孩子的营养，家长们是绞尽脑汁：有说好话的、有许愿的、有追着喂的、也有吓唬的，什么法子都有，但孩子就是不领情，任凭家长怎样规劝，就是不肯吃饭。

遇见孩子不吃饭的情况，家长要好好检查下，是否给孩子准备了过多的零食，是否是孩子的作息时间不规律。如果不是，那最好带孩子做个检查，看是否是缺少锌等微量元素而导致孩子吃饭没有胃口。

如果都不是上述原因，那父母要想想，是否有什么问题没有解决，所以孩子才用不吃饭来"惩罚"父母泄愤呢？

从三岁左右到六岁这个阶段，是孩子心理发育的关键时候，也是亲子关系培养的重要时期，父母一定要细心观察，注意孩子的心理与小小"心事"。

案例一：孩子的心事真难猜

这天，孩子在放学回家的路上出奇的安静，平时他都会跟同学叽叽喳喳地说个没完。妈妈几次询问孩子是否有什么心事，孩子都没说，只是默默地走路。

回到家以后，孩子坐在电视机旁看电视。爸爸叫他吃饭，可孩子却说不吃。这就怪了，孩子回来也没吃什么啊，怎么会不想吃东西呢？妈妈猜可能是学校里出了什么事情了，可问他也不说，这可急坏了妈妈。

案例二：孩子的心愿

孩子上小学时，有几天心事重重，闷闷不乐。经询问，父母知道了，原来是班上许多同学有"文曲星"，既好玩，又能帮助学习，但由于价格较贵，孩子难于启齿让妈妈买。

妈妈得知孩子的心事后，首先想到如何了却孩子的心愿。其次肯定孩子的懂事，能理解父母工作的艰辛和挣钱的不易。然后明确地告诉孩子，如单纯想玩，价格便宜也不会买；如用于学习，价格贵点也可以买，但要有附加条件，就

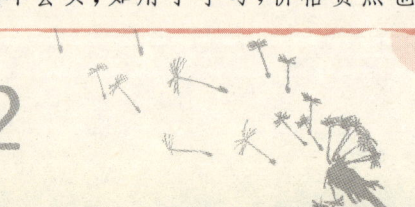

是期末考试成绩位列班级前十名,将"文曲星"作为奖品进行鼓励。

孩子听后,学习劲头十足,又高兴了起来。

其实,有的时候,孩子并不是不懂事,只是有些事情不便于说,或许孩子没有找到合适的机会说,父母要创造这个机会让孩子说出来。当然有些父母做得也不够好,像下面这个事例。

案例三:爸爸,为什么你不能听我说

一名初中女生,长得很漂亮,也很乖巧,却长了很多白发,平时很忧郁。孩子妈妈说,孩子长白发并不是先天遗传,而是孩子"忧"出来的。

这个女孩,平时一开口说话,就很容易掉眼泪。女孩家境很好,从小父母要她学钢琴,孩子不喜欢,家长就使用强硬手段。由于生性乖巧,孩子虽不情愿但也每天练。

孩子的爸爸有些专制。女孩在学习上碰到难题,问爸爸,爸爸如果讲完一遍,孩子不懂,爸爸就烦了。如果孩子跟爸爸探讨还有第二种方法时,爸爸还会质疑"怎么可能?"爸爸的武断让女孩选择了沉默。

这个女孩想找人倾诉,或许是憋太久了,讲完后哭了很长时间。还好后来父母也意识到这个问题,与孩子加强了沟通,女孩的状态才逐渐好转。

有些父母认为孩子小,没有什么心事。其实不然,从孩子三岁开始,从孩子学会模仿开始,他们就会有这样那样的小小"心事"。

父母,尤其是母亲,一般心思细腻,多少会有所发现。当你在问孩子时,尤其在问过孩子不说时,父母别着急,慢慢引导,一步步让孩子敞开心扉,别让孩子越来越压抑。只要能沟通,孩子就会逐渐了解父母,而父母也会看懂孩子。

父母高招：了解孩子的想法

某校就学生心事情况的调查结果显示，有20%的学生，有心事会向父母、长辈说，有50%的学生会向同学、同伴说。

看着这样的调查结果，父母们不免有些吃惊，孩子为什么不愿意把心事告诉家长？主要是因为家长在沟通方式上存在问题，父母们不会、不懂倾听，甚至是没有倾听、不愿倾听。

父母在与孩子沟通时，不要急于下结论和判断，多用一些开放性、鼓励性的话语让孩子继续说下去。比如孩子因伤心向家长倾诉，家长第一时间要在情感上给予回应，孩子有种被理解的感觉后，就更愿意把心里话对父母说。

引导孩子面对自己的感受

孩子放学回来告诉妈妈，自己的新铅笔被人偷了，妈妈随口问了一句："是不是你自己弄丢的？"

孩子急忙说："没有，我去洗手间的时候，它还在桌子上呢？""看你不把东西放好，乱丢！"妈妈责骂道，"每次都是这样，丢三落四的，又不是第一次了。不是说过了吗，要把东西放到文具盒里。"

孩子听了母亲的话，默默地走到自己的房间不再说话了。

当孩子被责问的时候，很难有清晰的思路和积极的态度去想问题，更难以接受父母粗暴的态度。如果这位母亲这样做：

用默认的回答，接受孩子的感受

孩子放学回来告诉妈妈，自己的新铅笔被人偷了，母亲回答："哦？"

孩子便会继续说："我去洗手间的时候，它还在桌子上呢。"妈妈说："嗯。"

这时候孩子会说："我已经是第三次丢铅笔了。"而妈妈只要回答："噢。"

"从现在开始，我离开座位的时候，把笔放到文具盒里，应该就不会再丢了。"

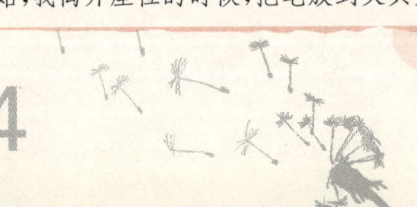

"对呀！真是聪明的孩子。"

以关心的态度，使用"哦……嗯……是这样啊"这样简单的话来回应孩子，并且关注孩子说话的神情，孩子就能在叙述的过程中，整理自己的思路和感受，从而可能自己找到解决的办法。

父母的"帮助"，只会让事情更糟

孩子说："爸爸，我的小白兔今天早上死了。"爸爸说："别难过，我再给你买一只。"看到孩子开始哭了，爸爸又说："别哭了，不就是只小海龟吗？"

孩子听后反而大哭起来。

爸爸说："好了，好了，别哭了，咱们再去买一只回来不就行了吗？！"孩子大声说："我就要这只！"

当父母在帮助孩子淡化痛苦，摆脱不好的感受时，不管父母的态度有多好，孩子只会更加难过。

孩子需要的仅仅是认同

孩子说："爸爸，我的小白兔今天早上死了。"爸爸惊讶地问："哦，是吗？真没想到。"

孩子说："我还教它玩游戏呢！它居然死了。""你们在一起一定挺开心的。"爸爸说。

孩子说："它是我的好朋友。"爸爸安慰说："失去了好朋友一定挺难过的。"

孩子抱着爸爸："是呀，我还每天喂它。"爸爸说："那怎么办呢，小白兔死了。"

孩子说："爸爸，你能再给我买一只吗？"

……

看吧，只要你顺着孩子的话说，孩子通常会自己解决，但父母一般不会这样做，因为他们担心说出孩子的感受会让孩子更难过。其实，恰恰相反，当孩子听到这些话时，心里会感到安慰，会感觉有人能理解他们内心的感受。

让孩子参与做饭过程

儿童本能上具有独立和自主的愿望，这也是孩子的大脑和心智在不断发育成熟的一个表现。如果孩子能经常主动和独立地做一些力所能及的事，对孩子从小养成责任感和关心他人的习惯是十分有利的。尤其是当孩子有这方面的要求时，家长不要剥夺他们的这份快乐。

孩子不爱吃家里的饭菜怎么办？

家长应该尽量让孩子参与做饭过程。带他们去买菜，让他们更多地接触蔬菜的原始状态，让他们联想到蔬菜做好后的样子，提高他们对蔬菜的兴趣。孩子稍大点，可以让他们帮忙择菜洗菜，做饭时拿糖和醋、拿碗筷和饭后擦桌子等。

营造轻松和谐的就餐环境

孩子的模仿能力很强，行为很容易受身边人的影响，而且小孩子都有争强好胜的心理。让孩子们在一起交流，常常会出现其中一个孩子被夸奖某件事情做得对，然后其余的孩子都会比着做的情况。所以，对孩子的行为最好是耐心引导，善于借助气氛和环境来诱导孩子。不能只有一味的说教，有时候没有策略的面对面说教还会起到令孩子逆反的效果。

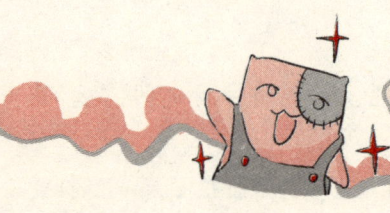

孩子喜欢色彩、音乐

儿童对新奇的事物充满兴趣，丰富的色彩、欢快的音乐可以让他们保持放松的精神状态，易于接受身边的事物。

因此，家中餐厅颜色布置尽量选择红色、鹅黄色和橘黄色，使孩子感到温暖、安定、轻松，能集中注意力，有利于增加食欲。

行为 22
爱发脾气

行为表现：不合心意就发脾气

现在的孩子没有哪个没发过脾气的，尤其是在公共场合，孩子大哭大闹真是让人心烦！

一天，小姨从外地回来，陪妈妈、亮亮一起去商场。小姨抱着亮亮并问他"你想要什么啊，小姨给你买个玩具好不好？"

"好，我早就喜欢一个飞机了，可是妈妈不给我买！"亮亮抱怨地说。

妈妈听到了，大声呵斥："不许买，一架遥控飞机居然2000多，这哪是给小孩子玩的呀。"亮亮可不听，一直拖着小姨往玩具专柜走。妈妈着急了，对小姨说："别去了，买点菜，赶紧回家吃饭吧，你大老远赶过来，肯定累了。"说着就拉着小姨要离开商场。

可是，亮亮却不依不饶地拖着小姨，一定要去买那架飞机，最后还大哭了起来。妈妈没办法了："亮亮，你再哭我们就不管你了。"亮亮看着有亲戚在，也不怕妈妈的恐吓，坐到地上，哭闹打滚。妈妈真是忍不住了，上去打了亮亮屁股两下，转头拉着小姨就消失在商场的人群中。

亮亮害怕了，大哭着，望向周围看着自己的叔叔阿姨，手足无措了……

亮亮的计策估计许多孩子都用过,而这个妈妈的遭遇许多父母都见怪不怪。孩子为什么有点不合心意就会发脾气呢?

心理语言:反正父母会示弱

许多父母都遇到过类似现象,有的小孩甚至比亮亮更厉害,他们的招数能让父母"百依百顺",完全没有招架之力。

1~3岁

从孩子一岁到三岁,是教育他们遵守行为规范的关键期。这个时期孩子学会走路,手部的动作也有了很大的发展,他们可以自己吃饭、玩耍。

此时他们多以模仿和学习为主,甚至会模仿父母一些不好的习惯,因为孩子除了新鲜感就是好奇心。父母不但要注意自己的言行举动,还要帮助孩子分辨好坏,要耐心矫正孩子模仿的不良习惯或小毛病,从而帮助孩子养成好的习惯。

3~6岁

幼儿期,也就是孩子三岁至六岁的阶段。这个时期是培养他们独立生活能力的关键期。孩子有几个显著的表现,首先是语言能力突飞猛进地发展。心理学家认为孩子学习语言并不是慢慢地一字一句地学习,而是会有突然的"爆发现象"。在两岁时,孩子会从之前无意识的咿咿呀呀变成有意识地表达比较复杂的句子。

5~6岁

到五岁的时候,孩子开始学习新的字和句子,能够逐渐完善自己所表达的句子。到了六岁,孩子语言的表达已经非常准确而全面了。

此外,这个阶段也是孩子性格形成的初始阶段。刚出生的婴儿没有什么明显的性格,没有好坏的意识,也不受外界道德观念的影响。而到了这个阶段,孩子已经有了自己的思想、判断力和创造力。

很多孩子的性格都是在这个时期形成的,父母若能为孩子营造一种积极的创造潜能的环境或生活方式,通常能促进孩子性格的健康发展。

同时,孩子在日常生活中遇到困难时的态度和处理方式,也是促使性格发展的主要因素。

6～12岁

儿童期,是从六岁到十二岁,孩子基本都是在小学阶段了。这是孩子的性格不断完善的阶段。同时孩子已经开始有了善恶好坏的观念,他们可以意识到自己的行为是该做的还是不该做的,也能对周围的人和事物做出评价和判断。

在这个阶段,孩子已经明显地有了道德感,而且这种道德感会随着年龄的增长逐渐形成一种社会责任感。

12～18岁

十二岁到十八岁是孩子的少年期。孩子对于外界的事物已经有了正确的判断,而且有了荣辱感,并且形成了最初的人生价值观。

如果孩子在这个时候犯了错误,就是荣辱感颠倒。一旦在性格形成的过程中,出现了不良个性,导致了人生观的偏差,孩子就容易走上犯罪道路。

现在独生子女越来越多,父母们对孩子也多采取了少打多骂的教育方式。这种情况下,孩子们会感觉,"反正爸妈不会打我",而且到最后往往是以父母的妥协结束争论。

这就助长了孩子的嚣张气焰,尤其在公共场合,人很多的情况下,父母们会为了不"丢脸",而满足孩子种种不合时宜的要求。所以,父母要根据孩子性格成长的规律,抓住教育的最佳时机。

父母高招：忽视教育治愈乱发脾气

作为孩子的启蒙老师，父母对孩子的成长起着非常重要的作用。由于望子成龙心切而教子无方或方法有偏差是家庭教育中存在的主要问题。

造就孩子乱发脾气的原因

1. 父母对子女的学习、生活不关心，放任自由；不具体管孩子，总是强调自己工作忙，没有时间，或强调孩子的学习就该学校管，生活就该自己管，对孩子的情况很少过问；对孩子的表现采取放任的态度，除了用物质或金钱来满足孩子外，没有真正关心孩子的生活。

这种教育，会让孩子的性格孤僻、冷漠，由于得不到家庭的温暖和具体帮助，孩子也很容易染上不良的习惯。

2. 有些父母把孩子放到特殊照顾的地位，对孩子十分宠爱，不考虑经济条件是否允许，想方设法地为孩子安排舒适的环境，提供优越的物质条件。

对孩子的言行没有严格的要求和必要的约束，孩子做错事时，父母总是寻找客观原因，对孩子的散漫、霸道等不良行为不及时纠正管教，无原则地宽容甚至庇护。在这样的教育下成长的孩子，娇气严重、意志薄弱、以自我为中心、固执、任性、蛮不讲理、特别强势。

忽视她，自己会好

针对孩子这样的问题，究竟该怎样管教呢？不妨看看下面这个故事。

一对中国母女去德国朋友家做客，这位德国朋友有两个孩子。两位大人坐在沙发上聊天，3个孩子在一边玩积木。过了一会儿，由于朋友家的这个小女孩想要哥哥手里的那个圆形积木，和谐的场面被打破了。

只见妹妹跑到哥哥面前，想抢过来那块积木，但哥哥的力气显然比妹妹大，妹妹未能如愿，于是就有了第二次、第三次的"进攻"。此时的中国女孩，乖乖地站到一边，安静地看着他俩的战斗。

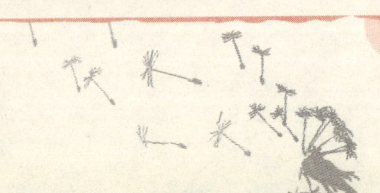

行为 22　爱发脾气

几次抢夺后,妹妹始终未能如愿,于是坐在一旁大哭了起来,同时眼神转向了妈妈这边。

中国妈妈听到哭声后,立刻起身想去安慰孩子,只见德国妈妈拉住她的手说:"咱们别管她,他们会有自己的解决办法的。"中国妈妈不安地坐下,只好与朋友又聊起来。

哭泣的德国女孩见妈妈不来帮忙,便哭得更响了。而那个德国男孩看见妹妹在一旁哭,便拉起中国女孩玩了起来,俩人准备要搭建一座城堡。

一段时间之后,德国女孩发现根本没有人在意她的哭闹,无奈之下便又爬到哥哥身边,乞求参与到哥哥的"城堡建设"中。不一会儿,三个孩子又快乐地玩了起来,还不时能听到他们的大笑声。

这个情景在中国是不常见的。一般,孩子在玩耍时,尤其是妈妈就在旁边的时候,与同伴发生争执,他们会求助于妈妈,而妈妈都不会袖手旁观的。

孩子知道,妈妈在旁边,不管什么时候她都会关注我、帮助我的,从而失去了自己解决问题的机会。

上面故事中,这位德国妈妈的忽视教育,不仅让女孩意识到自己力量的弱小,也明白了有些事情的无可奈何。在妈妈不帮助的情况下,如果想玩耍,只能"乞求"哥哥,才是解决问题的办法。

日常生活中,孩子不能如愿的情况很多,尤其是在自己处于弱势的时候,他们往往第一反应就是哭闹,希望有人能来帮助自己。

第一次的哭闹,如果帮助孩子达成了目的,他们就会发现,原来这招非常有效,便认为哭闹能够让人"示弱"。而忽视他,是克制孩子哭闹的法宝,希望父母们能够在合适的时间,合适的环境下巧妙地发挥"忽视教育"法的作用。

面对时常犯错的孩子，大多数父母的态度可能是轻则言语斥责，重则痛打。这种教育方式虽然在一定程度上让孩子有所警戒，但也会让孩子产生逆反心理。

用沉默的方式教育孩子

陶行知先生讲过这样一个故事。当年陶行知任教时，班内的一名女孩在考试时漏写了一个标点，结果被扣了分。后来她偷偷地添上标点，来找陶先生要分。陶行知虽然从墨迹上看出了问题，但并没有挑明，满足了女孩的要求。

很多年以后，那女孩找到陶先生说："从那以后，我才下决心用功学习，做个诚实的人。"

陶先生的一次"沉默"，让孩子了解了应该怎样做人。

有时候沉默真的是一种教育方式。对犯下错误的孩子沉默不语，让孩子自己反思，反而比父母喋喋不休的数落更深刻。

如果家长能够把"沉默"运用得恰到好处，那么沉默传递给孩子的远比语言所表达出来的东西更加丰富。孩子自我教育、反省，比父母的强硬管制更有用。

行为 23
不爱写作业

行为表现：不爱写作业

孩子上幼儿园中班了，为了能够到小学顺利跟上课程，老师会在每天放学之后，布置一些家庭作业。其实内容也不多，只是抄写几个字而已。

放学了，妈妈还没下班，丽丽趁着奶奶做饭的空，偷偷地跑出去找邻居小朋友玩了。6点半，妈妈回到家，发现丽丽不在家，便到邻居家叫回了丽丽。妈妈心里清楚，丽丽肯定还没写作业，于是承诺孩子，只要好好写作业，明天会给她买些棒棒糖，并且一天可以吃两根。听到这样的承诺，丽丽才去写作业了。中途丽丽又偷跑了出来，又被妈妈给叫了回去，只得乖乖地去书房了。

生活中，丽丽现象不在少数。要吵着叫着，甚至还要挨打，孩子才肯拖拖拉拉写完作业。写的时候每次写几个字，不是玩笔就是东张西望，要不就说话。

如果家里有老人，那就更坏了，老人一会送杯水，一会送点糕点。总之，一次写作业的过程，就是一家人与孩子斗智斗勇的过程。

写作业明明是孩子的责任，为什么演变成了父母的负担，是哪里的教育出了问题呢?

心理语言:不是我不想写作业

"作业做完了吗?"几乎是每个家长下班回到家里的第一句话。而爱玩是孩子的天性,没有孩子天生是喜欢做作业的。

家长们严厉的督促和指责反而会让孩子们更加厌烦做作业,他们嘴上不说,但行动上磨磨蹭蹭。家长们看在眼里急在心里怒在口中,家庭关系变得更加紧张,问题非但没有解决,反而增添了更多烦恼,一不小心还有可能升级为"星球大战"。

孩子之所以不爱写作业,是因为在完成这项学习任务中,体验到的不良情绪太多,而感受到的愉快、成功等正面情绪太少!

我们大人应该是深有体会的,做一件事时,总是体会到挫败感、失败感、无力感,自然就视之为畏途,不想去做。同样,孩子也是如此。

首先,要找出孩子做作业磨蹭的具体原因

孩子不爱做作业有可能缘于:

1. 读书是一种惩罚;
2. 读书对我没有好处;
3. 读书是爸妈强迫我做的事情;
4. 要做的功课我不懂;
5. 做了功课我就没时间玩;
6. 做与不做其实都无所谓,反正老师都不看的;
7. 不做功课爸妈会更加紧张。

你的孩子是什么原因而不做功课呢?家长必须要了解,不然你只能在旁边干着急。以上7个原因,如果再加上家长在旁边的唠叨,孩子就更加厌恶功课了。

其次，家长同孩子重新建立读书的快乐分享

读书是一种惩罚或没有好处，是家长在孩子小时候给他的一种读书的不良印象。比如孩子不乖，就说送他去幼儿园等。这给孩子的印象是读书只是因为对我不乖的惩罚，所以他会本能地对读书产生反感。

家长们不妨尝试着同孩子重新建立读书的快乐分享，抽出更多的时间陪伴孩子做作业玩游戏，并引导他们发现读书的乐趣。

第三，让孩子明白自己的事情要自己去完成

明天没有功课交，家长比孩子更加紧张，然后把没有功课交的后果想象得非常可怕。家长要让孩子明白自己的事情要自己去完成，交不了功课受罚的人是你，不是爸妈。

最后，要适当引导

孩子写作业遇到困难时，家长应先给予提示，让孩子独立思考如何做，然后再拿出类似的题目让孩子做，帮助孩子理解和巩固。

在这过程中，父母千万不要呵斥孩子不爱写作业的行为，那样只能加重孩子不想写的情绪，对其行为的改变，有百害而无一利。

父母高招：引导孩子主动写作业

没有一个孩子是天生喜欢写作业的，也没有一个孩子是天生不喜欢写作业的，无论是喜欢或是不喜欢，关键在父母的引导。对于刚开始有家庭作业的孩子来说，下面这个故事或许会给父母一些启示。

聪明妈妈，巧对"第一次作业"

孩子从四岁开始，妈妈便在家里教孩子写字，这激起了孩子很大的兴趣。但妈妈并没有趁热打铁地多教，相反，每天只让孩子写两三个字就带孩子出去玩了。

孩子自己有时间时,也会偷偷地写,但偷写的字,孩子不敢拿给妈妈看,只会给爸爸看,爸爸会"狠狠"地表扬她。

上到中班,老师开始教孩子们学写字了,可这些字女儿已经学过,写起来得心应手,并得到了老师的赞扬。

回到家后,孩子写作业的热情非常高,妈妈依然对孩子的热情冷处理,每天学习延长至1个小时。老师布置的家庭作业,对于女儿来说,太容易,用不了多久就写完了。在剩下的时间里,妈妈会再教孩子几个新字,就这样一直保持着孩子的热情。

上面妈妈的这个办法非常好,从第一次写作业就没有让孩子有逆反情绪,从而能够让孩子对作业,对学习拥有极大的热情。如果是一年级的孩子,一直对学习没有好印象的孩子该怎样处理呢?在这里,给大家支几招:

一、先从孩子的兴趣点下手

比如:在6点前做完作业,吃过饭带孩子去游戏等等……

如果孩子晚了两个小时,他就只能少玩两个小时,如果他晚了三个小时,那就哪都不能去玩了。

兴趣点对于孩子来说很重要,一定得是他喜欢的,父母只是把要求提出来了,如果没有完成,就不能出去玩。

二、做作业时别打扰

孩子在七八岁的时候对什么都充满好奇心,坐不住,就想乱动。家长应该有意识地锻炼孩子的注意力,比如告诉孩子,做完作业就可以看半个小时的动画片等等。适当的奖励,对孩子形成好习惯是一种良好的促进,但是奖励的方式一定要适度适量!

一点一点地激起孩子写作业的兴趣,再加上时不时对他的表扬与肯定,孩子一定会在父母的耐心付出下不断进步的。

孩子写作业磨磨蹭蹭的,也是常见的现象,父母们该怎样处理呢?

第一,把孩子身边和桌子上能玩的东西都拿走。减少这些东西对孩子的干

行为 23　不爱写作业

扰。

第二，给孩子规定好写作业的时间，到时间了，就停止不写了，不能让孩子拖延下去。

第三，主动让孩子去预测写作业的时间，并且告诉孩子，如果他预测的时间节省下来了，可以获得你的认可和奖励。

第四，孩子写错了，不要马上纠正，改错，而是做完之后检查。但是检查时一定要肯定孩子做的对的，并帮助孩子总结做对的经验。

第五，孩子做错的，要利用孩子做对的经验去让孩子自己想办法改。

第六，答应孩子，其他时间不会因为写作业而被随意地剥夺。要尊重孩子看电视，游戏，和朋友玩等权利。

除了上面这些，父母还可以善用小闹钟，让孩子准确地把握进度，能够更加主动、积极地把作业完成。

在网络普及的今天，靠上网搜作业已成了很多孩子的家常便饭，不少家长都在问，这个问题该怎样管？

教育专家表示，孩子通过网络完成作业分几种情况：一是上网查阅资料，比如语文作品、作者背景等；二是有些题目难度过大，通过网络求助；再就是惰性作祟，对老师布置的非查阅性作业，做不出来就求助于网络。

孩子写作业靠网搜，该怎么管

不同情况，也要不同对待。如果孩子遇到难题，又找不到人可以请教，能及时通过网络求解，自己再仔细研究、消化吸收，这对于孩子学习能力的提高是有好处的。

"有些不懂的地方，和朋友交流一下。"

"你为什么老是在网上搜作业"

但若是长期如此会滋长孩子的学习惰性。毕竟学习注重的是对孩子独立思考能力的训练，只是简单通过上网提问要答案，学习的过程就会大打折扣。

网络时代，学生网搜作业，家长不应视为洪水猛兽，但应多与孩子沟通，引导孩子把握好使用互联网的度，让网络成为有效提高孩子的自主学习能力、拓展知识面的手段。

行为 24
趴在桌上写作业

行为表现：一眼瞅不见，就趴在桌上

"我女儿现在上六年级。从一年级开始，她写作业时就把本子斜着放，侧着身子写。无论我们怎么提醒，甚至打骂都无济于事。"

——张女士

"不知道孩子在学校是什么样。在家写作业时，她不是趴在床上就是把作业本放在膝盖上，看着就让人心烦。"

——王女士

……

透过教室的窗户看，趴在桌子上听课的学生很多。为了让孩子养成正确的坐姿习惯，家长没少费工夫，买了很多种矫正器，但效果仍不理想。

孩子姿势不端正，让眼镜一族不断壮大，有笑话为证：

"小学时，老师会说，第三排戴眼镜的女生回答问题；
中学时，老师会说第三排中间那个戴眼镜的同学回答问题；
上大学时，老师会说第三排中间那个穿红衣服的戴眼镜的同学回答问题；

上研究生时,老师会说不戴眼镜的同学起来回答问题。"

心理语言:我就不改

一个小毛病,怎么说都不改,父母抱怨,"说个十遍八遍的也不动也不改,气得我真想揍他……"

孩子不改,大人生气,时间长了,就会爆发"战争"。那孩子屡教不改怎么办呢?他们为什么就是不改呢?

一、心理暗示

心理暗示是日常生活中最常见的一种心理现象。它是人或环境以非常自然的方式向个体发出信息,个体无意中接受这种信息,从而做出相应的反应的一种心理现象。

心理学家巴甫洛夫认为:暗示是人类最简单、最典型的条件反射。暗示的作用可以是积极的也可以是消极的。积极的暗示可以帮助被暗示者稳定情绪、树立自信心及战胜困难和挫折的勇气,消极的暗示却能对被暗示者造成不良的影响。

如果父母习惯了每次都提醒孩子,孩子势必会在心中有意无意产生暗示:这条信息不用记,反正妈妈会再告诉我。

二、过于情绪化

情绪左右着行为,情绪左右着你对待孩子的态度。事实上,父母心情好时,孩子一般没什么问题,大问题也会有变成小问题的可能;而父母心情坏时,小问题会被放大到使你大发雷霆的地步。

把忧愁和焦急留在心里,把笑和爱带给孩子。营造一个良好的家庭育子环境,是育人过程中不可或缺的关键。

三、过分关注孩子的缺点

著名作家毕淑敏的文章《优点零》值得家长一看。文章里讲到这样一个故事：

一位做儿童心理研究的朋友发给孩子们一张表，让他们填填自己的优点和愿望，可很多孩子认真地填写了优点零、愿望零。

出现优点是零这样的填写结果，不能不引起家长的反思。

在家庭中，常有这样的事情发生。"摆事实讲道理"是那么的苍白无力，它恶化了家长和孩子之间本来融洽的关系。孩子们甚至以离家出走来逃脱家长的束缚，去找寻所谓的自由。

家长一次次的老调重弹、一次次的苦口婆心成为那些屡教屡犯的孩子眼里厌烦的唠叨，因为父母反复关注的是他的"短处"。"短处"被反复关注的结果是什么呢？是自暴自弃。就我们成人来说，自己的短处若被反复关注，内心绝不会很平静地听之任之，你会委屈地寻找理由为自己辩解，你会厌恶。无论成人还是小孩总是希望得到别人的欣赏和肯定。

孩子已经适应了自我的状态，如果要改变他，可以采取这个故事中提到的思维方法：

如果你敲门，敲了十遍八遍，都没有人开门，你会怎么样？答案无非有这么几种：第一，走人；第二，敲其他的门；第三，敲窗；第四，敲邻居的门，转达消息；第五，若有紧急情况，那就砸门或者撬门，采取应急措施……

如果固执地敲门敲下去，大家都认为不可取。其实，我们教育孩子时，也是这样，要学会变通，要学会改变。那么怎么变通，怎么改变呢？

父母高招：一巴掌改变坏坐姿

父母这一代人都知道"一巴掌"的故事。当孩子有种恶习，父母会毫无征兆地一巴掌打过来，或许是来得太突然，或许是惧怕父母的威严，这一巴掌下去，恶习居然没了。

这种方法对于如今的孩子已没有多大作用，但咱们变通一下，换个招或许会有效。

一、不管

不是原则性问题就不管。有的小朋友，尤其是男孩，就愿意趴在地上玩，那就让他玩，别嫌脏，等孩子大了，让他在地上他都不玩，就这么简单。

二、转移

比如在某个阶段，孩子开始着迷于玩弄生殖器。见到这种情况，父母可以给孩子一个玩具，很自然地转移他的注意力，并不强化他的这种行为。

三、变批评为表扬

看这位父亲的妙招：

儿子上一年级时，为了让儿子养成良好的书写习惯，我对他的写字要求就挺严格。不好的重写是应该的，但最后儿子捂着本子不让我看。我想这可麻烦了。

后来，我改变了策略。我从孩子的每一个笔画开始表扬，每个字都有写得漂亮的一笔，那就表扬一个笔画，慢慢地，孩子的手放开了，也愿意让我看他写的字了。的确，现在孩子的字写得越来越漂亮了。

尽量少批评，多表扬。告诉孩子哪些做得对、做得好，孩子才会知道努力的方向。

四、约定协商

有些家长说孩子不守时,那家长首先做到守时,也能起到同样的效果。

五、共同研究

孩子有时犯错纯粹是出于好奇,动动这动动那,这时,家长不要制止,引导孩子一起探索。我们都会记得,自己小时候,很好奇热水瓶里有什么,大人阻止,我们就哭闹。现在的孩子也是这样,让他们摸摸热水,他们就不会再对热水瓶好奇了。

六、武力镇压

对于孩子骂人、打人等行为,如果已成为习惯,而要想让孩子迅速改掉,那就揍他一顿。可能会有立竿见影的效果,然后慢慢做思想工作,慢慢教育。

七、找同学、伙伴帮忙

孩子大一些,尤其从三年级之后,伙伴起着越来越重要的作用。有些孩子出现的问题可以请孩子的同学、好朋友来帮忙解决。

八、告诉孩子怎么办

有时候孩子总犯错,其中一个原因是家长并没有明确表示,父母希望孩子怎么做。

在一家饭店里,邻桌有一对母子,孩子很有兴致地玩着筷子勺子,玩完就放在桌子上。可能那位妈妈觉得脏,就一次一次地把孩子玩的东西搁在盘子上。妈妈的这一举动没有引起孩子的注意,三番五次之后,妈妈生气了,大声地朝孩子发火。周围的人都看过来,可孩子还是莫名其妙地看着妈妈,不知道到底发生了什么事。

其实,那位妈妈可以直截了当地告诉孩子:"把筷子勺子放在餐桌上不卫生,应该架在盘子的边上。"很容易解决的问题,弄得那么复杂,家长生气,孩子挨批,周围的食客受惊。所以,对于孩子的坏习惯,父母要因地制宜,智慧地利用不同的办法帮助孩子改正。

1. 避免用单肩背书包,虽然那样看上去很帅。因为单肩书包容易造成孩子高低肩,甚至是脊柱侧弯。

2. 告诉孩子,乘公共汽车时不要长时间趴在前椅靠背上打瞌睡。因为这样不仅危险,而且对脊柱的健康也很不利。

如何帮助孩子预防脊柱侧弯

3. 教室里的座位,绝不可能适合每一个孩子。因此,孩子坐椅子时最好坐椅子面的前三分之一或二分之一,且尽量上半身坐直,不要保持屈背弯腰姿势,以减少心肺和腰部承受的压力。此外,听课和做功课时,不要侧歪着身体,以增加背部脊柱的侧压力。

4. 教室外的运动,应注意避免从高处往下跳。剧烈的冲击很有可能造成脊柱瞬间变形。

5. 实践表明,硬板床在预防脊柱侧弯方面更胜一筹。

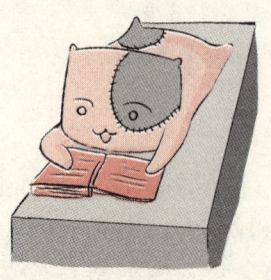

6. 不要为孩子选择过大的鞋子,过大的鞋子会让孩子的下肢行走起来很不协调,长期如此,会加重脊柱的工作压力,出现疼痛。也不要为孩子选择过分硬底、厚底的鞋子,这样会让他们在走路时,脚底不能更好地感触地面而增加脊柱的承重力。不要让女孩穿着限制足踝活动的长靴,甚至是高跟、尖跟皮鞋。这样会加重脊柱,尤其是腰部的负担。

行为 25
物归原处

行为表现：拿取物件知道物归原处

孩子在某段时间会有这样的表现：从书桌上拿的笔，他会小心翼翼地放回去；从妈妈房间拿的小瓶子，他会原位不动地放回去。父母一定认为这个孩子很乖。当然也有让父母长辈伤心的时候，比如下面这位小朋友：

每天早上，三岁半的洋洋总是由奶奶陪着到早教中心来上课。有一天，在教室的门口，老师看见洋洋和他的爷爷大眼瞪小眼。爷爷看到老师，委屈地说："这个没有良心的小东西，今天他的奶奶生病了起不来，我好意送他来上课，他居然对我说：'爷爷，我不喜欢你送我上学。'"

听了爷爷的话，老师知道又是秩序感在"作怪"，赶紧安慰爷爷，并在爷爷面前问洋洋："平常都是谁送洋洋上学呀？"

洋洋回答："是奶奶。"

"那今天奶奶呢？"洋洋说："奶奶躺在床上呀。"

"哦，奶奶生病了，今天爷爷送洋洋上学，你觉得和以前不一样是吗？"洋洋嘟着嘴点点头。

"那奶奶生病了，你觉得奶奶还适合陪你走路来上学吗？"洋洋摇摇头。

之后，洋洋对爷爷说："爷爷，对不起！……我不是不喜欢您送我，是我习惯了奶奶带我走路来上学。"

孩子的这种行为说明他正处于对秩序建立的敏感时期呢！

心理语言：孩子对秩序的敏感

秩序感是周围事物的形态体现出的均衡、比例、对称、节奏等因素带给我们愉快、兴奋、舒服的感觉。秩序还包括时间的秩序，也就是生活规律。

孩子需要一个有秩序的环境来帮助他认识事物、熟悉环境。秩序的变化会引起情绪的波动，有秩序的环境会使孩子的情绪稳定。

刚出生的婴儿对世界一无所知，他们究竟如何适应这个复杂的世界，又是如何辨别不同的事物呢？在没有任何老师的教导之下，他们怎么毫不费力地掌握了自己的母语呢？不管这门语言多么艰涩难学，他们都能在生活中灵活自如地运用它，这些究竟是如何做到的呢？

荷兰生物学家德弗利斯通过对昆虫的观察实验，最先发现了生物敏感期的存在。他认识到，昆虫的不同变异代表了它们不同阶段的发育，比如蝴蝶的幼虫，能大量毁灭植物。这些幼虫，在刚出生的几天里，还不能吞噬大片叶子，只能吃一些枝头的嫩芽。聪明的雌蝴蝶考虑得很周到，它总是本能地把卵产在树干跟树枝交接的地方，因为它明白在这样隐蔽的角落里，它的孩子才会安全。当这些幼虫钻出来的时候，自然会借助外界的光线看到树梢的食物——嫩芽，然而令人奇怪的是，究竟什么告诉幼虫生存所需要的嫩芽就在树梢上的呢？

对，就是敏感性！

在这个时候，幼虫对光线格外敏感，顺着光线幼虫就会朝着树梢的方向爬去，再找到赖以生存的食物。

过了一段时间，幼虫渐渐长大。这时，研究发现：幼虫除了吃嫩芽外，还能吃些其他粗糙的食物，此刻它的敏感期就过去了。

在成长的过程中，它逐渐失去了对光的敏感。当这种敏感期的有效期结束

后,幼虫也将相应地选择其他谋生手段和生活经验。再经过一段时间,幼虫变得不再贪吃,慢慢地作茧自缚,等到有一天发育成熟时,它终于破茧成蝶。

与其他生物相比,人类体内同样含有一种生机勃勃的敏感性,因此他不时会做出让人无法理解的令人惊讶的举动。如果人类失去了这种敏感性,必将造成性格上的软弱并对周围事物丧失热情。

事实上,每一个孩子在心理发展过程中,都曾经显示出了惊人的敏感性和意志力,只不过我们没有仔细观察并且习以为常,从而忽视了孩子的敏感特点以及他们的需要。

如果孩子们在他们的敏感期内学会掌握某种技能或者学会自我调节,就像点燃了希望之光。在这种敏感性的推动下,他们会满怀活力和激情地把握周围的一切事物,并且能积极轻松地学会每件事情,从中不断积累经验和能力,只有完成了既定的目标以后,他才会失去兴趣。

但是,如果在这段特殊的敏感期内,孩子们受到外界的阻碍,那他们的身心就无法正常发育,甚至会紊乱和扭曲。有些孩子幼年时期就表现得很忧郁或者孤僻,那其实是由于大人们对敏感期的忽视,无意间留给了他们阴影。

当然,这种敏感期还会不断出现。也就是说,在前一种激情完结之后,另一种激情自然会随之燃起。在这种不断更替的节奏感刺激之下,孩子们会带着各种各样的新奇感去征服周围的世界,而这个过程会让他们感觉到快乐和满足。跟成人一样,孩子们的这种行为正是通过内心的热情和实践使其精神世界趋向于完美和谐的。

等到敏感期过去,孩子会感到繁重的压力让他们心生厌倦,甚至产生憎恶的情绪。

这时候孩子心智上的进步,就只能通过思维的加工、主观的努力和不断的研究才能取得。这也是孩子的心理状态与成人的心理状态之间的区别。孩子们总是有一种成人们无法想象的特殊活力,它会不断驱使孩子们以热情去征服周围的事物,进而完成既定的目标。

有时,我们会看到一个孩子做出一些反常的行为,这很可能是大人们错误对待他的敏感性的结果。孩子的敏感期虽然短暂,却是十分重要的,如果这种错误日积月累,必然会造成一种不良的影响,从而阻碍孩子的健康成长。

父母高招：注意小细节，抓住孩子的敏感期

孩子的心灵是神秘莫测的，我们有时很难理解他们的内心世界。当一件物品放错了位置时，孩子会最先发现，并把它放回原处，而成人往往注意不到这种细节问题。在这段特殊的时期，他对已经熟悉的秩序做出的敏感反应成了指导他行动的指南。

妈妈刚下班回家感到不舒服，便从床上拿了两个枕头，躺在椅子上，打算好好休息一下。这时她年仅一岁半的女儿走过来，缠着妈妈给她讲故事。看着孩子可爱的小脸，妈妈不忍心拒绝。但是，劳累了一天的妈妈实在很难受，讲故事的声音越来越小。旁边的保姆看到后，马上扶着妈妈进另一个房间去睡觉了。

结果，小女孩失望地大哭起来。保姆以为她是因为妈妈突然离开而感到难过，就去安慰她。然后保姆打算把刚才妈妈用的枕头送到卧室时，小女孩居然大喊大叫起来："不是枕头，不是枕头！"

小孩越闹越厉害，妈妈只好强忍着坐在床上继续讲故事。大家都以为这样孩子就会安心了，谁料这个小女孩仍然哭个不停，这时候她已经不再对故事感兴趣了，口中不住地喃喃道："妈妈，椅子！"其实，孩子是想告诉妈妈她应该坐在第一次讲故事时的那把椅子上，而不应该是床上。正是因为妈妈和枕头都改变了原来的位置，她才觉得心烦意乱。

事实正是如此，孩子对混乱的事物会产生厌恶心理，说明孩子心中有秩序感存在。

在成长的过程中，孩子们都存在一个对秩序极其敏感的时期，这种状态从孩子出生后第一年就会有，而且会一直持续到第二年。

当孩子们看到有些东西不在原来的位置时，他就仿佛受到了强烈刺激，非常希望那个东西回到原来的地方。对于孩子来说，当这种秩序感的需求得到满足，就会感到快乐。

行为 25　物归原处

父母带着他们不到一岁半的孩子去旅行。在旅行途中，怕孩子劳累，每个晚上他们都睡在高级宾馆，因为那里有专为婴儿准备的带栏杆的小床和特殊的食物。后来回到家后，由于没有婴儿床，小孩和妈妈一起睡在一张大床上，结果小孩总是失眠和呕吐，到了晚上还必须把他抱在怀里才能安心入睡。于是他们去找儿科医生检查小孩的病情，医生给孩子提供了特殊的饮食、日光浴、散步及其他治疗方法，但一切都无济于事。后来更严重的情况发生了，可怜的孩子最后痉挛起来，不断地在床上抽搐、打滚。

紧张之余，有人建议他们找儿童精神病专家。医生跟孩子父母交流后了解了孩子的情况，马上得到了一个启发——他随手拿起两个枕头，搭建了一个类似宾馆的有护栏的小床。让人欣慰的是，当这个小家伙看到床时，立刻爬到了小床里面，很快睡着了，当然他的病也奇迹般地好了。

很显然，上面这个实例说明了孩子敏感期的力量。孩子之所以这样，是因为失去了他熟悉的床栏杆所带来的安全感。突然间这种安全感没了，他便有一种内在的失调和痛苦，疾病也相应出现了。

当孩子成长到3～4岁时，最乐于做的事情就是把东西放回到原位。他们在适应环境的同时，还能够掌握周围的事物，而且在这样的环境里生活，他们会感到平静和快乐。

仔细想想，大人总是喜欢把一些东西搬来搬去，孩子们无法理解和判断这些举动，为什么眼前的东西总是这么混乱呢？在孩子们的这段秩序敏感期内，他所感知到的混乱很可能会成为他们成长的障碍和产生心理疾病的原因。

孩子对秩序的需要犹如鱼儿需要水，马需要陆地一样。就算闭着眼睛行走都能找到他熟悉的东西，这一点对孩子来说十分重要。秩序感使他们意识到每样物品都应该有自己合适的位置，而且他们也能记住每件东西原来的位置。这能让他们感觉到这个世界所带给他们的稳定和安全。

敏感性作为一种洞察力和本能，为意识的形成打下了基础，是人本身所形成的自然能量。所以在孩子的成长中，如果外在的环境阻碍了他们敏感性的正常发展，这个孩子就会焦躁不安或者发脾气。这正是小孩经常莫名其妙闹情绪的原因之一。

揭密孩子的
36种行为语言

这天，妈妈把儿子送到幼儿园后，对老师说："老师，你替我好好说说这孩子吧！他实在太调皮了。"

孩子心里的小天地

"前两天，他把刚买的玩具兔给拆了；昨天，他又把他爸给他买的坦克车拆得乱七八糟，我把他狠狠地打了一顿。老师，你替我管管这孩子吧！"

老师把孩子叫到身边，问他为什么老是搞小破坏。孩子回答说："我想知道小兔为什么能跳，我想看看坦克为什么会跑、里面有没有驾驶员。"

父母只看到孩子拆玩具的表面，就不分青红皂白地把孩子痛打一顿，父母真的了解孩子做一件事的动机和心情吗？希望父母能抽空陪孩子把拆坏的玩具重新组装起来，并且告诉孩子玩具的工作原理，帮孩子解答脑海中的疑问。

一旦孩子出现破坏行为，父母一定要给孩子辩解的机会，了解孩子犯错的动机，从而循循善诱，帮助孩子解答心中的问题，给孩子一个自由的发展空间，激发他们的创造潜能。

专家建议

行为 26
规矩

行为表现：有规矩但形同虚设

大海两岁半，是个机灵的小男生，圆润的脸庞像小天使一般。可他在幼儿园里却是个"捣蛋分子"。

每当大海靠近别的孩子时，在场的妈妈都会紧张起来，警觉地盯着自己的孩子。可是同样的事又发生了：这小子迅速地一拳打来，跟他年纪一样小的"受害者"哭得令人心碎。大海偶尔也会咬人，有时候力度大到两星期后还看得见咬的痕迹。他常常从别的孩子手中抢走玩具，拿来乱丢或是弄坏。

当然大海也会很安静地自己玩或和其他孩子玩。这时根本不像平常张牙舞爪的他。

大海的妈妈简直把儿子宠上了天。在已有两个女儿后，她好不容易才生下这个期盼已久的儿子。她为大海付出时间、关怀与爱，但却为孩子种种没规矩的行为伤透了脑筋。

在诸多的不许与不准之后，大海依然如故，该闹还是闹，该捣蛋还是捣蛋，跟他说的规矩简直是形同虚设，对于这样的孩子父母该怎样教呢？

心理语言：是谁破坏了规矩

一个建立了规则的孩子，并不仅仅是"乖"、"听话"和"好调教"，更重要的是，孩子能在遵守规则的生活中健康成长，能判断是非善恶，自发地建立良好秩序与和谐的氛围。

每个妈妈都可能遇到这些挑战：

孩子在玩具柜台前躺在地上撒泼打滚；在游戏场抢别人的玩具；不好好吃饭而被姥姥满屋追着喂；跟钢琴老师讨价还价，不想练琴；在书店把书弄了一地却不肯归位……

专家认为，这些问题，最根本的解决方法是为孩子建立良好的规则。"对孩子来说，规则就是界限，就是什么事情不可以做。"

看到这里，可能许多父母会说，我们已经告诉孩子什么不可以做了呀，可他就是不听话该怎么办呢？实际上，规则不是仅仅设立给孩子的，而是针对所有人的，家长和教师应该与孩子共同遵守规则。

案例一：妈妈叫三岁的亮亮吃饭，亮亮只顾着玩玩具头也不抬。妈妈大声说："亮亮，再不来吃，你最喜欢的大鸡腿就没有了！"可是叫了几遍亮亮都没反应，妈妈只好叹口气把鸡腿放在一边，等亮亮什么时候想吃再吃。

错误之处：说话不算话

妈妈们经常抱怨孩子不听话，实际情况却是妈妈们自己说话不算数。

在吃饭问题上，这一点表现得尤为突出。因为妈妈们总是怕饿着宝宝，像"再不来就不给你吃"这样的话通常只为吓唬孩子。既然什么时候想吃都有的吃，既然妈妈从来都是"说到做不到"，孩子当然会对妈妈的话充耳不闻。

案例二：大海在饭桌上边吃边玩，一会儿用果汁泡饭，一会儿把盘子里的菜

挑了出来扔得满桌都是,一会儿又把妈妈喂给他的排骨吐出来宣布:"我不要吃肉!"妈妈忍无可忍,大声呵斥道:"你怎么这么烦啊,怪不得学校老师都不喜欢你!"大海给骂愣了,过了一会儿,"哇"地一声哭了出来。

错误之处:妈妈控制不住情绪

妈妈们经常指责孩子"你怎么就不能安静一会儿听故事?像你这样,长大肯定不会好好学习!""怎么不叫人?你这孩子就是坏脾气!"或是干脆一巴掌下去,什么话都没有。这样的举动只发泄了妈妈们的情绪,孩子往往委屈万分地嚎啕大哭,全然不知道妈妈为什么生气。

案例三:三岁半的阿龙一直没有去上学,因为他早上起来第一件事就是打开电脑玩游戏,一玩就至少1个小时。妈妈一边担心阿龙的视力,一边感叹说:"现在的游戏就是有趣,怪不得儿子这么小就喜欢。"

错误之处:姑息纵容,不肯给孩子立规矩

生活中家长经常纵容孩子。孩子喜欢吃糖,妈妈虽然也觉得应该适当控制,孩子一闹,就一块又一块地给。孩子喜欢看动画片,妈妈就一次次心软,总是延长时间,直到一整部动画片全部放完。很多时候,不是孩子不遵守规定,而是父母心软,不肯给孩子立规矩。

看了上面几个案例,父母们请想想,自己在生活中是不是也这样呢?

如果回答是的,那就别再怪你的孩子没有规矩了。因为他的今天,就是你自己先破坏了规矩的后果。仅仅让孩子按你的要求去做是"权威",而规则却标明了界限,让孩子通过自己的眼睛、心灵、身体去体会。

就像有个孩子问妈妈:"为什么我打人就是坏孩子,你打我就是爱呢?"好好想想该怎么回答,希望别像这个妈妈的回答一样:"因为我是妈妈!"

父母高招：让孩子守规矩，父母先自省

要让孩子有良好的规矩感，培养有教养的孩子，要抓住执行规矩中的几个关键词：

一、说到做到

在前文案例一中，妈妈多次叫孩子吃饭无果的情况下，父母就应该要说到做到。

如果亮亮不肯立刻上桌，那么等他想吃时，妈妈就应该很平静地告诉他，鸡腿没有了。如果亮亮哭闹，妈妈也应该坚持自己的决定：因为亮亮来晚了，鸡腿已经让大家吃完了。让孩子独自承受饿肚子的后果，扼制孩子不好好吃饭的习惯。

"说到做到"不仅能树立父母在孩子心中的权威，也教育了孩子：爸爸妈妈尊重你的选择，但你要接受因此带来的后果。

当然，最好不要在孩子玩得正高兴时，突然要求他去吃饭。餐前洗手不仅是出于卫生考虑，更重要的是借此提醒孩子，要吃饭了。如果能让他们参与摆放餐具，或者盛饭，那就更能增加孩子的用餐意识。

二、就事论事

前文案例二中，大海妈妈应该就事论事，心平气和地制止大海的胡闹，并且解释给大海听，他违反了哪些用餐规矩，比如"不可以用果汁泡饭"，"不喜欢的菜可以不吃，但吃了就不能吐出来"等等。

如果大海继续胡闹，妈妈就可以有针对性地采取相应惩罚措施。比如说，取消餐后大海喜欢的水果甜点等。

在教育孩子过程中，父母越平静，教育效果越好。让孩子服从的应该是父母讲的道理，而不是说话声音的大小。

三、弹性

规则要有弹性,不是规则本身可以变来变去,而是根据儿童发展的不同阶段,有弹性地进行调整。

前文案例三中的阿龙,到了该上学的年纪,就要送他去上学,要根据孩子的年龄制订符合孩子年龄阶段的规则。像阿龙这么小的孩子,脑部还处于发育期。只有通过双向交流,比如和成人对话,和伙伴一起玩,才更有益于智力发展。

电视、电脑游戏是一种被动的单向刺激。如果孩子长时间沉溺于此,就容易对外界反应迟钝,不擅长与他人打交道。所以,国外专家不提倡六岁以前的孩子玩电脑游戏,还要控制看电视时间。

三岁左右的孩子,每次看电视的时间不应超过15分钟,一天不应超过1个小时。孩子玩游戏和看电视时,父母双方应至少有一方陪伴在侧。事先一定立好规矩,玩多长时间。

如果孩子不会看表,最简单的办法就是买一个闹钟,告诉孩子,铃声响时,就要停止。如果孩子不遵守约定,发出一次警告。如果还是不听,那父母就应果断关掉电源。这样做也许稍嫌粗暴,却是表明父母说到做到的最好办法。

还有一种情况也让父母颇为头痛,请看这个事例:

小美妈妈规定:不许摸电源和电视荧屏,摸就打手心,小美就先摸一下电视,再主动伸出手来让妈妈打。

这个场景是家长与孩子间最常见的冲突。孩子在三四岁的时候,正处在执拗敏感期,你越不让他做的事情,他越要做。

正确的做法是在家中和幼儿园封住所有的电源插座,不给孩子犯错的条件。对于其他的危险物品,比如热水、门(可能会夹伤手指)、刀具、剪子,则要告诉孩子正确的使用方法,告诉他在什么情况下身体可能会受到伤害。

在规矩建立的过程中,不仅仅需要父母的耐心与坚定执行的态度,还需要家庭成员的密切配合。不能因为某一个人的一次心软,而导致孩子刚刚建立起来的规矩再一次崩塌。

揭密孩子的
36种行为语言

如何给孩子立规则

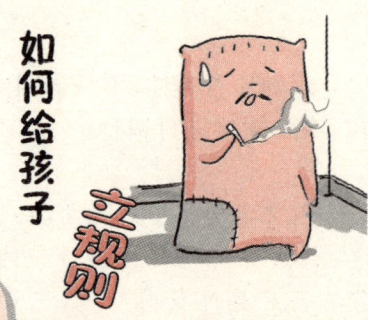

1. 为孩子立规则的时候，要蹲下来与孩子目光平视；否则给孩子高压、威胁、不耐烦的感觉，容易激起孩子的对抗心理和恐惧。

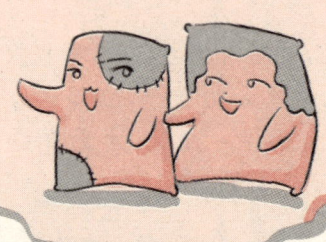

2. 在阻止孩子违反规则时，要与孩子目光接触，声线压低，果断；如果没有力度，可能让孩子以为还可以尝试；不要高音飘在高空，否则让孩子感觉不到被尊重。

3. 避免当孩子继续违反规则或者通过哭闹探索底线的时候，妈妈或老师流露出无奈、无助的眼神，那种眼神暗示：你可以继续，妈妈没有办法或者内心深处喜欢你这样。

4. 避免在孩子违反规则还没有解决问题的时候，还通过拥抱、抚摸、亲吻等方式鼓励孩子。（这时不拥抱、抚摸、亲吻孩子，不代表不爱孩子，而只是代表不能接受孩子的那种行为，并且孩子要为自己的违规行为承担实际行为后果或者逻辑后果。）

5. 让孩子承担逻辑后果（如坐反思角、没收玩具、停止玩耍），要事先警告，郑重告诉孩子规则，让孩子感觉到这不是游戏。

行为 27
做孩子的"伴儿"

行为表现：孩子不喜欢的"陪伴"

不知何时起,"不能让孩子输在起跑线上"的教育理念已深入人心,这不仅增加了无数孩子的负担,也让父母感觉到很累。可是为了孩子的将来,父母们还是坚持了下来。

三岁时,娜娜在妈妈带读完一遍唐诗后,能迅速把唐诗背诵下来,这让妈妈无比惊喜。发现了孩子的这个天赋后,妈妈把娜娜送去了各种兴趣班。周一,要去珠心算的兴趣班;周三,要去拉丁舞兴趣班;周六,书法;连周日都不能闲着。

周六下午,娜娜在屋子里写着毛笔字,听到窗户外面小朋友的嬉笑声,娜娜的眼神里充满了期待。

"多想出去玩会儿啊,可是妈妈肯定是不会同意的……"娜娜想着。

这时恰好妈妈进来了,坐在一旁说:"好好写,写完咱们一起去姥姥家。"

"这下更不能出去玩了,妈妈又来陪着了!"娜娜想着。

娜娜现象不在少数,不仅孩子疲惫,还拉远了孩子与父母间的距离,让孩子越来越讨厌父母的"陪伴"。

"陪伴"本来应该加深亲子感情的,现在却呈现相反的态势。而且,在父母时时的"陪伴"之下,孩子缺少了本应掌握的交往技能,变得越来越胆小,甚至会自闭。

心理语言:虽然人多,但是我没有朋友

孩子喜欢独自呆在家里一个人玩;出去玩时非得要家长陪伴;班上开展集体活动时总是一个人躲得远远的……

或者孩子在家中言行大胆活泼,表现得十分自如,俨然像个小大人,似乎"能干"、"懂事"。然而一到外面,却非常胆怯、拘谨,不愿意和小朋友一起玩耍,也很少与同伴交谈。

孩子出现孤僻的性格确实不好,它表现为不爱与人交往,这样的性格使他很难处好人际关系,很难扩大交际面。人是在相互接触、互相理解、互相帮助之中密切关系的。一个人若是总躲避人群,独自一人,又怎能团结他人,怎能从人与人的交际中获得更多的信息呢?

孤独的孩子往往自卑感强,自信心差

孤独的孩子很少与人接触,因此业余爱好少,学习的能力就得不到锻炼,而能力越差,自卑感就越强。可孤僻的人往往自尊心又很强,怕别人说自己不行,说自己无能,这就会使他内心更加痛苦。

孤独的孩子在集体中必定孤单,在孤独中生活会影响心情和情感。

长期心情不佳对身体的影响很大,心情异常会使大脑皮层的正常活动受到损坏,失去平衡,导致皮层下中枢神经活动的紊乱,造成消化系统、血液循环系统、呼吸系统、内分泌系统等发生紊乱以致病变。

孤僻、孤独往往与抑郁做伴,孤独显然对孩子的身心健康有害。

孤僻的孩子往往多疑

孤僻的孩子大多很内向、不活泼,自己不愿与人交谈,看到别人交谈又疑心,怀疑是在说自己。有疑心又不去问,总在心里闷着,既影响情绪,又影响学

行为 27 做孩子的"伴儿"

习和生活。

孤僻的孩子对别人的冷漠,还将影响自己今后的生活,包括恋爱婚姻生活。

孩子养成孤僻性格往往是事出有因的,或受家庭环境影响,或受过刺激、伤害,或身患疾病等。孩子孤僻最主要的表现就是不与人接触。爸爸妈妈要从思想上认识到他人、集体对孩子成长的作用。

从小事上开始帮助孩子改变生活习惯,如鼓励孩子主动去跟别人聊天,主动和别人玩游戏、打扑克、下象棋、打篮球等。

接触多了,从别人那里学到的知识和得到的快乐就多了,就会逐渐爱与人交往了。

有个小朋友,因为长时间由爷爷奶奶带,很小就被称为奶奶的"跟屁虫",整天跟在奶奶后面也不愿意出来跟小朋友玩。后来被送去学校,每次都是自己玩玩具。有老师的时候,还能跟其他小朋友一起玩,老师一走开,他便又自己玩了。

日子一久,这个小朋友每次去幼儿园就会大哭,不愿意去学校。最后奶奶心疼孩子,便只好不让他去学校,自己带他了。

由于奶奶带习惯了,这样的孩子往往觉得小朋友不让着他,不愿意主动接受其他人。所以,一旦发现这种孩子,老师或父母可以鼓励他们多参加集体活动。

集体是矫正孤僻的良好环境。集体活动可以增强孩子与同伴之间的交往,可以改变他们的性格。

刚开始参加集体活动,他们可能有些害羞、胆怯,甚至做出可笑的事来,这时爸爸妈妈要教育孩子不要怕,时间长了就会有进步。渐渐地大家发现了孩子的特长,就会欢迎他的。同时也要注意,千万不要操之过急,让孩子慢慢地融入集体,融入同伴中去。

父母高招：帮孩子找到喜欢的"伴儿"

帮孩子找到喜欢的"伴儿"，父母需要做的就是帮助孩子建立找朋友的欲望与能力，打开孩子的心扉，让他逐渐融入周围的环境。

一场电影打开了孩子的心扉

女儿属于内向、敏感型的孩子，平时"很闷"，话也很少。妈妈也没意识到要多听听她的心里话，觉得女孩子话少一点是她的性格，也没有感觉出异常。

一次，妈妈的朋友送给她两张《泰坦尼克号》的电影票，妈妈就带女儿去看了。当电影放到船要沉下去，女主人公冻成冰人时，妈妈听到女儿在伤心地哭。

回去的路上，女儿好像话特别多，问得最多的一句是："妈妈，为什么女主角冻成冰人了，人家都死了，她却活了下来？"妈妈告诉她："这是一种爱的力量，就像有一次妈妈发40℃的高烧，爸爸又不在家，我就硬撑着起来帮你烧饭，因为我是你妈妈呀，我怕你饿着，这也是一种爱呀！"听了妈妈的话，女儿似懂非懂，一副很激动的样子，一下子依偎到妈妈的怀里。

本来，妈妈以为孩子内向，认为话少很正常。经过这件事，妈妈才发现女儿原来话挺多的，只是没有引导她，没有找到她感兴趣的话题。

后来，女儿每天放学回家，妈妈就有意识地让她讲讲学校里的事和学习上的困难等等，或在每晚睡觉前，给她讲讲故事，讨论故事里的内容。时间一长，女儿一回家就与妈妈说个不停，碰到原先她根本不会讲的事，她也会凑在妈妈的耳旁讲给她听。女儿活泼多了，连老师也讲她好像变了一个人似的。

由于一次偶然的机遇，这位妈妈打开了孩子的话匣子。事实上，如果想让孩子走出去，就要让孩子变得合群一些。

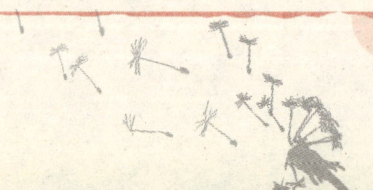

培养一个合群的孩子

所谓合群,不仅仅是指和众多的人在一起,更重要的是能适应群体,把自己有机地和群体结合起来,被群体中的人认可和欢迎,在群体中得到快乐。合群更多地表现为孩子的一种主动的行为。

当孩子融入群体中时,他才会有集体荣誉感,才知道什么是团结协作,才真正明白竞争的意义,才更懂得生命的价值。那么,怎样让孩子走出孤僻,变得合群呢?

1. 树立孩子的集体观念

要让孩子懂得,个人的行为应该符合社会的准则,让孩子知道社会是个大课堂,帮助孩子在群体中树立集体观念。有些爸爸妈妈替孩子值日、为孩子不参加春游谎请病假,这些行为实际上人为地拉大了孩子与集体之间的距离,不利于合群意识的培养,给孩子的身心发展造成不良影响。

2. 鼓励孩子多参加集体活动

有的爸爸妈妈认为,孩子只要成绩好就行了,别的事不用管。这是目光短浅的表现,没有看到孩子健康成长的大局;有的爸爸妈妈会担心孩子"上当"、"受欺负",其实这些担心是不必要的。要多留出时间让孩子有机会参与更多的交际环境,甚至可以鼓励孩子单独在家待客,这都可以改善孩子的不合群。

3. 为孩子多接触社会创造条件

比如带孩子去参观、游览、看球赛、参加公益活动等,使孩子多感受一些生活中丰富多彩的内容,帮助他们辨别是非真假,有意识地让他们多积累一些生活的阅历。

4. 帮助孩子与他人建立友谊

古人说:"独学而无友,则孤陋而寡闻。"正常孩子的健康成长离不开健全的朋友氛围。孤独是人类的不健康的情绪情感体验,战胜孤独是孩子们健康成长、正常发展的前提。

让孩子学会独立

独立性是对孩子长远发展非常重要的素质。有的家长认为,什么都替孩子做了就是爱他。他们觉得孩子还小,等长大了自然就能自己动手做了。

如今的小孩独立性差是父母们"呵护"过度的错。孩子甚至希望永远有这种呵护,于是我们看到了众多的"小皇帝"、"小公主",他们将来在择业或者创业时将如何面对竞争,立足于社会呢?

有些时候,家长应该给予孩子一些指导。家长要注意两个问题:

一是要引导孩子独立思考,而不要包办帮忙;

二是要明确目标。在孩子不太会学习的时候,家长可以适当辅助。

父母对孩子过分呵护,这样教出来的孩子往往在困难面前会不知所措,只会向父母求援或是放弃。

家长应该想一想,你能帮得了他一时,你帮不了他一世!

行为 28 看电视

行为表现：看电视不管时间和节目

电视这个媒介，让世界缩小、把信息放大，为人类文明的进步做出了不可估量的贡献。恰恰是因为电视的新奇、多样、绚烂，把未经世事的孩子"迷倒"了。

一位母亲这样说：

我的儿子今年六岁。一岁多时，他就很爱看电视，有时哭闹，一抱到电视前就不哭了。久而久之，儿子就迷上了电视，什么节目都看，儿童节目、动画片、电视连续剧、广告，只要电视上的内容，他都爱看。

以前儿子还小，平时我和爱人没把他爱看电视的事放在心上。现在上了小学，功课紧张起来，但儿子爱看电视的习惯仍旧没有改变。

每天放学回家，第一件事就是打开电视机，一看就是几个小时，作业也不认真完成。我和爱人尝试过强制关电视机，命令儿子写作业或者休息，但儿子总是憋着一肚子气，以示对我们的反抗。或者等我们稍不注意，又打开电视，有时还跑到邻居家去看。这可怎么办呢？

这个母亲的困惑，你是否也有呢？怎样能让这个小"电视迷"断掉这个瘾呢?

心理语言:我就爱看电视

电视以其特有的形象化的手段,吸引着孩子们,给他们的童年生活带来了乐趣。通过电视,孩子可以增长见识,学到许多东西;对于幼儿来说,还可以促进智力的发育。

但过度看电视就会产生许多弊病。近来一些科学研究结果表明,长时间看电视,不但会让孩子养成久坐的习惯,还会给孩子带来各种各样的不利影响。

一、爱看电视的孩子身体易发育异常

原本活泼好动的孩子,一旦迷上电视后,在电视机前一坐就是一两个小时,不仅对眼睛,还对身体有很大的伤害。

消化功能不好的孩子,长时间坐着不动会厌食,不利于生长发育;而消化能力很强的孩子,吃饱后坐着不动,时间长了就会发胖。

研究人员经过近3年的时间,跟踪观察了33例肥胖症儿童发现:10%的儿童肥胖症是由疾病引起,10%是家庭遗传,剩下的80%中绝大多数属单纯性肥胖,而且他们都有一个共同的特点——爱看电视。

二、爱看电视的孩子不爱读书

电视对孩子有着极大的诱惑力,其鲜艳的色彩、变化的画面、动听的音乐,不断地刺激着孩子的大脑。所以爱看电视的孩子对有着单调的图片、枯燥的文字的书本就失去了兴趣。

但是,电视所传播的信息大多是片断式、跳跃式的,孩子从中只能得到一些零碎的、不系统的知识。而且,任何学习过程都要伴随着一个思考过程,而电视不可能给人留下可以进行思考的时间。

长期这样,孩子的想象能力、创造能力必然会受到约束,最终导致孩子对读书、学习不感兴趣。一名教育专家曾说:"30年的教学经验使我深信,学生良好

的智力发展源于良好的阅读。"而阅读兴趣和阅读习惯是需要在早期教育中打下基础的,否则会事倍功半,甚至劳而无功。

三、爱看电视的孩子兴趣单调

孩子长时间坐在电视机前,外界事物很难引起他们的兴趣。带他们去学画画、学弹琴、学下棋,他们的兴趣都不高,往往是半途而废。

学习的过程是一个艰苦的过程,而看电视却是娱乐消遣的过程。长时间看电视使孩子处在一种松散的状态下,自然会对需要付出脑力和体力才能获得的知识和技能产生排斥。

四、爱看电视的孩子社会交往能力差

孩子把大量的时间用于看电视,那么他与外界交往的机会就大大减少。长时间独处,终日与电视为伴,会使孩子的心理发育产生障碍。他们时常模仿电视中人物的动作和语言,不看电视就会焦躁不安,看电视时讨厌别人打扰。

由于孩子的自我控制能力差,性格和行为可塑性大,而孩子的模仿能力又强,对形形色色的电视信息大多是囫囵吞枣,影响了思维、性格和行为的正常发展,这对儿童心理发育也会起到负面效应。

五、爱看电视的孩子难教育

孩子对电视节目往往是"照单全收",而很多节目是少儿不宜的。孩子在成长过程中,过多过早地接触不良信息,将会给家长和学校的正面教育带来难度,影响孩子做人的原则,严重的还会导致孩子以后走上犯罪道路。

那么,当孩子喊出"我就爱看电视!"的时候,父母该怎么办呢?

父母高招:狠心的"杀手锏"

如今,学校假期成了令家长们头痛的时间,一些家长惊异地发现孩子成了电视的"奴隶"。

这些"电视儿童"对电视有着极大的依赖性,除了睡觉,他们的假期几乎都是在电视机前度过的,每一个电视节目都不会放过,广告也看得津津有味。为了让孩子拥有健康的身心,父母要拿出狠心的"杀手锏",严格地执行"戒电视"的计划。

一、有选择性、时间性地看

想完全禁止孩子看电视,是不切合实际的,也是不合理的,关键是要限制孩子看电视的时间。

有的孩子一坐在电视机前面就不想起来,不管什么内容,都从头看到尾。这样看电视,不光电视里的正面信息不能有效吸收,还会严重损伤孩子的视力和智力,孩子也容易养成不会思考的坏习惯。

所以,家长要通过电视节目报,提前对电视节目进行筛选,注意选择对孩子有意义的节目,这样电视对孩子的影响才是正面的。

要做到这一点,定好规则是很有必要的。要让孩子知道:每天什么事情做完可以看多久的电视,吃饭不能看电视、做作业时不能看电视。而且,规定下来就要持之以恒。

根据情况,可以在周末、节假日,允许孩子多看一些时间。这样,孩子会感激你的开通,知道父母对他是松弛有度的。另外,要提前给孩子适当的提醒:"你还有几分钟的时间可以看,等会儿我们要做其他事。"这样可以给孩子一个心理缓冲期,不至于突然地说结束就结束。

二、转移注意力,找些活动来代替看电视

现在,很多家庭,因为家长无暇陪伴,电视已经成了孩子的"保姆"。孩子迷恋电视,主要还是由枯燥乏味、呆板的生活方式造成的。

行为 28　看电视

　　因此，父母不但要在百忙中舍得花时间、花心思去照顾孩子，而且要用转移注意力的方法，终止孩子对电视的迷恋。让孩子多接触其他活动，当孩子感受到还有比电视更有趣的活动时，自然会摆脱对电视的迷恋。

　　看书、锻炼、游戏、户外活动、走亲访友、假日旅游等，都是转移孩子注意力、培养兴趣的好方法。也可以让孩子一起分担些家务，洗衣买米、打扫房间，做完事后一家人一起看电视；还可以利用节目和孩子展开讨论，培养他的思维和表达能力。

三、孩子房间不放电视

　　几乎绝大部分家庭都把电视放在卧室。孩子的房间里有了电视机，自然为孩子过度依赖电视创造了条件，也自然而然减少了孩子与父母交流、沟通的机会。所以，要纠正孩子爱看电视的毛病，最好不要在孩子房间放电视。此外，不能边看电视边吃饭，要最大限度地降低电视在家庭中的影响。

四、父母也要戒戒电视瘾

　　一个家庭，父母本身的行为习惯对孩子有着重大的影响。如果不想孩子看电视，家长首先要以身作则，少看电视。如果父母沉浸在看电视的乐趣中，孩子就会受其影响或模仿。

　　为了纠正孩子爱看电视的毛病，全家人都要规范自己的收视习惯，规划出固定的收视节目和时段，让孩子明确何时是他的收视时间。这样就能有效地控制孩子看电视的时间。

　　除了以上四个建议之外，家长还要对孩子多进行启发性的提问与引导，让孩子多接触大自然和其他体育活动，找到孩子的兴趣所在，并鼓励他持之以恒，一段时间下来就会淡化孩子对电视的迷恋。只有让孩子远离电视，他们的成长才不会受电视的侵害。

该为孩子选择什么样的*故事*？

不同年龄的孩子接受能力不同，父母要选择适当的故事。两岁以下的孩子最好准备与生活密切相关的形象的图画书，告诉他们画中的东西叫什么名字。

孩子满一岁以后，可以给他们买一些以前没有接触过的事物组成的图画书，并让孩子养成集中精力阅读的习惯。这个年龄的孩子玩这种游戏的时间不宜超过5分钟。

孩子到了三岁，讲故事的时间可以延长到10分钟。

到了五岁，孩子理解故事的能力越来越强了，这一阶段父母就可以和孩子们讨论与书中内容有关的价值观了。这对于塑造孩子的人格也是非常重要的，要让孩子从小就有是非对错的观念。

四岁的孩子就可以把听到的东西转化为想象的形象了，此时的精力已经能够集中15分钟了。

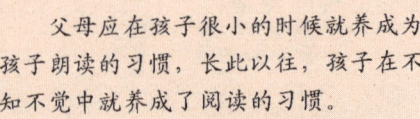

父母应在孩子很小的时候就养成为孩子朗读的习惯，长此以往，孩子在不知不觉中就养成了阅读的习惯。

行为 29
孩子背后的靠山

行为表现：爷爷奶奶是靠山

某市的一项调查显示，城市隔代教养比例不断攀升，上海市已达到88.9%。爷爷奶奶、外公外婆在养育第三代的过程中，在感受亲情的同时，又不可避免地在教育方法与教育"战线"等问题上与孩子的父母产生矛盾。

饭桌上放着青菜、红烧肉和鲫鱼汤。大海的筷子似乎成了红烧肉的"直通车"。

妈妈说："大海，你已经成了小胖墩，不能光吃肉了，要多吃点青菜。"说着就把青菜夹到大海的饭碗里，谁知大海马上嘟起了嘴巴，把碗一搁，眼泪似泉水般往下流。

这时，大海首先把求助的目光投向奶奶。奶奶的心开始软了，她马上用筷子夹起一块红烧肉，放到大海的饭碗里，还说："少吃点，没事。"

大海妈妈"寸土不让"，从大海碗里夹起那块肉，放进自己的嘴里。

"哇……"大海放声大哭。

奶奶赶紧又夹起第二块肉放进大海的饭碗……

吃饭问题仅仅是表现最为突出的现象。爷爷奶奶简直成了孩子们心目中的靠山，不管是想要的东西，还是与父母的"抗争"，爷爷奶奶为这一辈的孩子都做出了不可磨灭的"贡献"。如果是在这样三代同堂的家庭中，父母们，你们该用怎样的智慧对待这种事情呢？

心理语言：三代同堂，有喜也有忧

从平均水平来看，孩子们今天的成长环境，较之以前有了翻天覆地的变化：物质极大丰富，再也不会为一个鸡蛋馋上好几天，再也不用为一件文具而节省几个星期的零用钱。同时，家长教育投入意识明显增强，"421"式家庭中基本是六个成人教育一个孩子。无论是物质上还是精神上，孩子都得到了越来越多的关注。

案例一：分清主角、配角

李老的儿媳生了一对龙凤胎，全家特别高兴，两亲家对小宝宝疼爱有加。

为了满足两亲家对第三代的亲情，也为了给自己彻底"减负"，儿子儿媳决定将这对双胞胎"一分为二"异地喂养。老大全托给外公、外婆，老二寄养在爷爷、奶奶家，孩子每隔一个月回家与父母团聚一次。

身为父母却一身轻松，仍过着新婚期的悠闲生活，而身为爷爷奶奶、外公外婆却全身心地进入角色，不管白天黑夜，围着孩子的"吃喝拉撒"转，用他们的话说，如同自己又多添了一个小儿子和小女儿……

由于生活压力和社会竞争，祖辈参与孙辈教育成为一种社会现象。

但是祖辈教育在孩子的成长过程中，与亲子教育相比，毕竟是一个配角。孩子对父母的依恋和安全感是一种天然的情感关系，谁也无法取而代之。

祖辈教育固然有时间和空间上的优势，但在教育观念和教育方法上难以摆脱传统思想观念的束缚。在家庭生活中，祖辈常对孩子过度保护，处处百依百顺、迁就、溺爱，心甘情愿成为孩子的"防空洞"，这样容易使孩子养成"以我为中心"的性格,对幼儿的个性发展难免会有负面影响。

所以,祖辈在对孙辈的教育中,关键是如何用其长而避其短,合理定位,做到不错位,不越位,乐于当配角。

案例二:家庭教育要无缝对接

刘老的孙子今年三岁。从今年起,刘老就开始培养孙子独立吃饭的习惯。虽然孩子吃饭速度慢些,衣服会弄脏,但刘老坚持不懈。可每次去外婆家,外婆总是自告奋勇地喂小外孙吃饭,好不容易培养起来的吃饭习惯处在进两步退一步的境地。

孩子的外公外婆与爷爷奶奶分别来自不同的家庭,有不同的生活方式与文化背景,因此养育孙辈在客观上会存在差异。

为了第三代的成长,两亲家必须不断充电学习,不能倚老卖老,各行其是,只有相互沟通,相互尊重,在科学养育的前提下,做到无缝隙衔接,才能达到最佳的教育效果。

与孩子的父母相比,爷爷奶奶拥有更丰富的育儿经验,对于孩子的安全问题具有更强的预知能力,能有效地进行防范。

爷爷奶奶还能提前预计到孩子在不同的年龄段可能会出现哪些问题。

比如刚会走路的孩子,可能会到处跑,可能会撞到桌子角或者走进厨房被烧伤烫伤等。在防患于未然这个层面上,爷爷奶奶显然比年轻的爸爸妈妈更胜一筹。

与孩子的父母相比,爷爷奶奶有更多的时间陪伴孩子,也有足够的耐心和爱心。他们能够从日常生活中的一些细节去观察、了解孩子的各方面特点和动向,如果能够加以鼓励和引导,对孩子的一些小毛病、小缺点,是能够及早发现并纠正的。

在对孩子进行教育之前,家庭中需要对教育方案有个公开的商讨。在新、老教育方法面前,在疼、管之间,要有合理、合适的平衡。别让孩子以为,不管是什么事,只要有爷爷奶奶在背后"撑腰",爸爸妈妈是不敢管他们的。

父母高招：找人当"坏人"

严父慈母，是一句老话，如果刨根问底，恐怕已有三四千年的历史了，因为在古文字上即有十分生动的体现。

据考证，"父"字，古文字的写法是一只手执一条杖；而"母"字，则是席地而坐的女人，并且突出两乳。这大概也是源于生活，做父亲的常用棍杖训诫子女，自然是严厉的；做母亲的用乳汁哺育子女，态度自然是慈祥的。

在古代，产生严父慈母这样的观念也是有其历史原因的。那时，女人在社会上没有地位，在家里又要以夫为"纲"，而且夫死之后要"从子"。这样，做母亲的在子女面前自然也就缺少权威。历史上，虽说也有"孟母三迁"、"岳母刺字"这样极为感人的教子故事，但是，就绝大多数家庭来说，教育子女的责任是由父亲的"棍杖"来承担的。

如今时代不同了，男人与女人无论在社会地位上还是在家庭生活中，都是平等的，并且共同担负着教育子女的责任。严父慈母的观念当然要受到一定的冲击，但是在家庭教育中，依然需要"红、白"脸的方式，以防止一方因为过度保护而成为孩子的保护伞。

一、在生活中不要过分注意孩子

爱表现是孩子的天性，家长也应当为孩子的表现提供充足的机会，但一定要掌握好尺度。很多家长总喜欢在去亲戚朋友家串门时逗引孩子表演，家里来了客人也热衷于让孩子为客人表演节目。

这种以孩子为中心的状况如果长期发展下去，孩子便理所当然地认为自己是家里的小太阳，从而变得目中无人。因此长辈们不要过分注意孩子，可以在暗中关照他、注意他，有客来访千万不要把自己孩子当作唯一的话题。

二、对于孩子的要求爷爷奶奶不能有求必应

孩子在家做事总要和父母讲条件,比如:

早上起来喜欢穿哪件衣服,妈妈不让穿就不上幼儿园了;和父母逛超市,看到喜欢的东西就要,父母不给买就哭闹不止,只有满足了他的要求才会停止。

长此以往,孩子便养成了只懂享受、不会体贴他人的坏习惯。如果出现诸如此类的现象,爷爷奶奶不要降低姿态乞求央告,更不要表现出无可奈何,或者干脆直接顺从孩子的意愿。爷爷奶奶要表现出坚定的态度,对孩子的要求要理性对待,绝对不能降低对孩子的标准,同时要不卑不亢,用鼓励、信任和严格来教育孩子。

三、爷爷奶奶不要给孩子特殊待遇

爷爷奶奶常常把孩子叫做家里的"小皇帝",孩子处处受到特殊照顾,让孩子吃"独食",好的零食和饭菜放在他面前供他一人享用;爷爷奶奶可以不过生日,孩子过生日得买大蛋糕,送精致的礼物。

这样的孩子自感特殊,习惯于高人一等,必然变得自私,不会关心他人。爷爷奶奶要把孩子当作家里普通的一员,让孩子意识到自己是家里的成员而不是小霸王,从而懂得分享和关心别人。

在教育孩子过程中,父母切不可急躁,因为有时老人会有护巢心理。不管孩子出现多大的问题,都要静下心来,先给老人说明"新一代的孩子有新的成长目标,需要新的教育方式和方法,因此请老人们理解并配合自己对孩子的教育"。

当然,有的老人比较固执,但即使是不固执的人,要想让他们一下子转变思想观念,都绝不是一蹴而就的事情,都需要反复的沟通与交流。在此过程中,年轻的父母们作为"三明治"的中间层,一定要懂得体谅老人的面子与观念,慢慢来。

一般父母越表现出善意和心平气和,老人们就能越快越平和地接受他们的观点。

老爸老妈带孩子

年轻父母这样做

中国80后年轻的爸爸妈妈基本都是上班族。房子的压力、抚养孩子的压力、基本生活的压力让他们不得不兢兢业业地工作。如果女人不上班,那么家庭压力将会更大。

因此,在现实生活的重重压力之下,请父母帮带孩子就成了必要的选择了。

老人们在养护宝宝方面确实经验丰富,又充满了对孩子的慈爱之心,这就可以帮助他们解决工作之外的后顾之忧。

可另一方面,老人们的育儿观念肯定有很多跟不上时代发展步伐的地方,而且他们常常对孩子太过溺爱,给孩子成长带来诸多不良影响。

学会聆听

老人们在很多时候还是喜欢按照传统的教育观念来教育孩子,他们的目的不是争个对错,他们争论的目的是想为宝宝的成长提供更好的条件。所有的老人都会希望孙儿好好的,只要晚辈们的建议合理,他们肯定能接受,只是晚辈们要用最恰当的方式和他们沟通,相信他们会接受那些科学的教育理念。

用实践证明

要想让他们心服口服地接受一些新的教育理念,用实践结果说话是最好的方式之一。有些时候,年轻父母做的事情老人们在很短的时间里是不能接受的,可是经过不懈的努力,最终是可以使他们感动并接受的。

隔代教育虽然有很多让人担忧的弊端,但是,中国的现状决定了隔代教育是一个普遍存在的客观现实。

这就要求人们在客观现实的基础上清醒地了解隔代教育的优势和弊端。在教育孩子的实践活动里,一方面去发挥隔代教育的优势,一方面去认真克服这种教育的负面影响,让孩子所在的家庭教育现状得以改观,让中国新一代的孩子愉快、茁壮地成长。

行为 30
打针拼命哭

行为表现：打针拼命记

医院里，孩子因为打针哭闹是常有的事，但像下面这位这么"厉害"的，却是少数。

一个六七岁的小男孩拒绝打针，从到医院开始，他就一直准备着往外跑。而他的父亲，一个人高马大的大男人真就制不住他。

在"擒拿"的过程中，可以看出父亲真是用了力了，几次都死死地抓住小男孩，但最后还是被他挣脱了。

那个小男孩的反抗可以用"拼了命"来形容，小小身躯爆发出惊人的力量，凄厉的哭喊声让人感到震惊，整条走廊都被惊动了。

一个人的情绪如果没到极端，能有"拼了命"的能量吗？

可以想象小男孩的恐惧到了什么程度，也可以想象打针这件"小事"给孩子带来多大的心理折磨。

由此，咱们不禁要问，当这个小男孩下一次生病，依旧要进医院打针，该用什么方法才能让孩子乖乖听话呢？

心理语言:不去,害怕

打针这件事,每个人都会遇到,如何面对打针,也不是可以忽略的小事。大人千万不要以自己的感受去衡量孩子,认为这很简单,只要把孩子摁住了,或哄骗着打了就没事了。就像下面这位妈妈这样:

案例一:又哄又骗去打针

孩子感冒了,经过前几次的治疗已经好了,唯独咳嗽还一直没见好转,这天妈妈又要带孩子去打针了。

通过前几天的体验,妈妈知道,孩子很害怕打针,所以必须得想个办法先把孩子骗到医院去。

这次,妈妈说买布娃娃,孩子才同意去打针。刚走到医院的走廊,孩子便吓得不再往里面走,妈妈好说歹说都没用,后来妈妈直接抱起还在挣扎的孩子,走进了诊室,摁住哭闹的孩子,等待着让护士给孩子打针⋯⋯

一些家长采用哄骗、威吓、强制的手段让孩子打针。针扎到孩子的身上,好像比扎在别人身上多痛多少倍似的。家长的做法不但放大了孩子的痛苦,也没有教会孩子在遇到困难时勇敢面对。

案例二:"哭也一样会疼"

一位妈妈在自己的日记中记录了这样一件事情:

亭亭入园前要体检,幼儿园统一安排报名的孩子在某天到市妇幼保健所体检。体检的路上,我告诉孩子可能要抽血化验。

亭亭有些紧张,问我疼不疼。我还是先告诉她有些疼,然后告诉她抽血和一般的打针差不多,就是扎的时候有一点点疼,抽的时候就不疼了。

亭亭已有过几次打针的经历,听我这样说,也就比较释然了。

当天体检的有十几个小朋友,抽血时,孩子们哭成一片。已抽过的、正在抽

行为 30　打针拼命哭

的、还没抽的,都在哇哇大哭。特别是一针扎不出血,需要扎第二针时,不光孩子哭,有些大人也着急了。抽血的护士都被弄烦了,皱着眉头,态度似乎也不好。

亭亭安静地倚着我等着,用有些好奇和同情的目光看着那些小朋友。她突然对我说一句"哭也一样会疼"。我问亭亭是不是想说小朋友打针时,哭和不哭是一样疼的,哭也不能减轻疼痛。她说是。

我赞赏地亲亲她的小脸蛋说,"小亭亭说得对,反正哭也不能止痛,还不如不哭。"

我没让孩子承诺她一定不哭,我想,她能这样理解已经很不容易,不需要给她任何压力,到时她万一哭了,也不用为自己违反了诺言而感到羞愧。以她的年龄,哭了也是正常的。

轮到亭亭了,她坐在我腿上,伸出小胳膊,虽然有些紧张,但还是安静地等护士拿针管,安针头。护士发现这个孩子不哭,很诧异地看看她。

亭亭可能是想安慰那个护士,对她说:"阿姨,我不哭。"

这让护士非常惊喜,一直紧皱的眉头展开了:"噢?你为什么不哭呢?"

亭亭说:"哭也一样疼"。

护士一下子也听懂了,她惊讶地停止了手中的动作,看看亭亭,顿了一下,才说:"啊,你这个小姑娘,真是太懂事了!哎呀,阿姨从来没遇到过这么懂事的孩子!"

护士手里拿着针管,去亭亭胳膊上找血管时,犹豫了一下,放下手里的针管,拉开抽屉找出一个新的针管说:"你这么懂事,阿姨更不舍得扎痛你,这个针头稍细一些,没有那些痛,就剩这一个了,给最听话的孩子用。"她找了一下亭亭的血管,发现不太好找,就站起身找来一个年纪较大的护士,对亭亭说这个阿姨保证一针就能扎准。

看来,告诉孩子"打针有些痛",教会孩子在困难面前从容镇定些,既能减轻痛苦,又能保护自己,还能"占便宜"呢。

同样是打针,上面这位叫亭亭的小朋友年龄可能更小,才三岁。为什么她能把打针的事情处理得这么好,她的父母是怎么教的呢?

父母高招：缓解孩子对痛苦的恐惧

孩子害怕打针是很正常的事情。家长不应该欺骗孩子，说打针一点都不疼，而要把打针的真相告诉孩子。正确做法就是告诉孩子，打针确实是疼的，但是也没有想象中那么疼，忍忍就没事了。

让孩子在打针方面有了知情权，那么他就有了心理准备，自然也就不会产生害怕的情绪。所以，当孩子必须要面对一些不得不承受的痛苦时，父母的态度要平和，语气要轻缓，淡化孩子对痛苦的恐惧。

首先，告诉孩子，要打针了

咱们来看看上文中亭亭的妈妈是怎样做的：

亭亭第一次因生病打针是在一岁八个月，刚刚懂点事，会说一些话。她得的是急性肺炎，妈妈先带她到门诊看，大夫给开了针剂。取了药后，妈妈就告诉亭亭要带她去打针了。亭亭可能对几个月前打预防接种针还有印象，流露出害怕的表情。

在亭亭打预防针的时候，还不太会说话，懵懵懂懂中屁股被扎了一下，有些痛，哭了几声，针头一拔出去，妈妈就转移了孩子的注意力并说："咦，你看这个杯子上还有个小猫咪呢"。她的注意力被杯子上印的猫咪吸引了，就忘记屁股被扎这回事。

所以，现在妈妈又说要打针，有可能唤起她的那段记忆。亭亭态度坚决地说："我不打针。"

妈妈停下来对亭亭说："宝宝现在生病了，咳嗽，还发烧。你觉得生病了舒服不舒服啊？"亭亭说不舒服。

"那宝宝想不想让病赶快好了？"

亭亭回答"想"。她又咳嗽，小脸蛋烧得红红的。妈妈亲亲她的脸蛋说："大夫开的药就能让小亭亭的病好，能让宝宝变得舒服。要是不打针，病就总也好不了。"

行为30　打针拼命哭

小孩子其实最懂事，大人只要正确地把理由陈述给孩子，孩子是会听懂的。她生病不舒服，肯定也想让病赶快好了。

其次，坦白地告诉孩子，打针有些疼，但是是可以承受的

亭亭从道理上接受了打针，但她小小的心还是害怕，满眼忧虑地问妈妈："打针疼不疼呀？"妈妈微笑着平淡地说："哦，有点疼，不过疼得不厉害，就像你那天坐小凳子不小心摔个屁墩儿一样。"亭亭听了，忧虑有所减缓。

妈妈接着问她："你觉得那天摔个屁墩儿，是疼得厉害，还是就有一点点疼？"圆圆回答："有一点点疼"。"哦，打针的疼和那个疼差不多，也是有一点点。"妈妈很坦率地告诉她，然后又说："摔屁墩儿亭亭都不哭，打针也用不着哭，是不是？"孩子点了点头。

话虽然这样说，但孩子心里还是有一些顾虑和紧张的。于是妈妈又给她打气说："妈妈觉得亭亭很勇敢，你试试看自己勇敢不。能忍住就不要哭，要是忍不住，想哭也没事。"妈妈的话给了她鼓舞，让她觉得自己勇敢；又给了她退路，让她觉得想哭也没事。

在跟孩子的整个对话中，妈妈的表情始终是又愉快又轻松的，表现出打针确实是很简单的事。孩子看到了也坦然许多，她的愿望肯定是想当英雄，同时对妈妈的话深信不疑，因为妈妈从没骗过她一次，既然只是"有一点点疼"，那也没什么好怕的。

虽然打针前孩子表现得很紧张，浑身绷得紧紧的，但没哭。护士看亭亭在打针过程中那么配合，表扬了她。亭亭通过了"试验"，觉得打针的疼，确实是能忍住的，心态由此变得很镇静。自这事以后，孩子对打针便没有那么恐惧了。

父母总是替孩子担心，认为打针对孩子来说是很痛苦的。恰恰是这种担心的神情加剧了孩子的恐惧。父母要相信孩子的忍耐力其实是惊人的，只要不吓着他们，给出一个合适的心理预期，他们多半能够接受一些似乎很困难的事情。

心理承受能力是一个心理品质问题，反映一个人对待困难与挫折的理智程度，社会风险意识，对自我思想、情绪、行为的控制能力。

因此，心理承受能力的培养，应该以良好行为习惯的养成为基础，以心理健康教育为主要内容，循序渐进地开展起来。

刻意培养孩子的承受力

尽量少奉承孩子

不奉承孩子，就是不单纯地去讨孩子的欢心，就是善于让孩子去承担他应该承担的义务，就是让孩子清楚什么是对，什么是错，什么该做，什么不该做，从小就正视自己遇到的每一个问题。

尽可能让孩子处理自己的事

作为父母和老师，应尽量地让孩子自己决定和处理自己的事。只要不是坏事，只要孩子能够做到，就让他们自己拿主意，自己去做。

及时地排解孩子的心理压力

有时孩子会面对一些他自己无法承受的心理压力，这时就特别需要教师和家长进行积极的排解和疏导。

有目的地进行"心理操练"

心理和生理一样，必须通过一定的锻炼活动来促进其健康。为培养孩子的承受能力，可有目的有计划地开展一些"心理操练"。

行为 31
害怕洗澡

行为表现：痛苦的洗澡

洗澡在正常情况下是种享受，但如果发生了这种事情，洗澡就变成一种痛苦了！

三岁的明明在洗澡的时候，发现离澡盆不远处有一个小瓶，他打算去捡，一下子没有站稳，便摔倒了。

当时明明哭得很伤心，不管妈妈怎么安慰都不管用，那天草草结束了洗澡。在此之前明明是很喜欢洗澡玩水的，发生了这样的事之后，他不愿意去洗澡了，一进洗手间就哭、尖叫，该怎么办呢？

孩子在成长过程中，难免会碰到各种各样的危险情况。事情发生后，孩子便会产生恐惧、抗拒等心理。

心理语言：不要洗，害怕

人类的发展有一个有趣的现象，0～6岁儿童的成长将人类文明的演变整个重复了一遍。从水生到爬行然后到直立行走，从单音节和表情以及动作表达到用固定的单词，然后到简单的句子，一直发展到有深刻内涵的语言体系的表达。

大自然让人在年龄小、力量也小，最容易摔跤和磕碰的时候，训练人类，使他们在受伤害程度最小时获得最多的心理承受力，为一生要经历的伤害打下了基础。

人的一生不可避免地会与各种物质发生冲撞，跟各种人发生冲撞。如果在童年，没有经历足够的肢体冲撞和人与人之间的互相冲撞，人的内心承受力就特别脆弱，稍有点挫折就会无法承受。

所以在童年时，要放手让孩子在一个没有大的伤害的环境中自由活动。只要不受伤，如在盆边、墙边、已经打磨圆了的桌子角等地方碰一下，只是蹭疼了是没有关系的。

关键是在孩子被碰过之后，父母是怎样处理的。如果父母长辈们为了避免孩子受伤害而限制其自由，孩子就失去了发展的机会。

若孩子在成长过程中过少地经历磕碰，于是偶尔一次磕碰，孩子就会受到伤害。如果在磕碰后，大人表现得特别紧张的话，孩子就会更害怕。

除了像上文中所提到的磕碰之外，还有以下几个原因，也会导致孩子害怕洗澡：

一、孩子把洗澡当游戏

对于孩子来讲，他们原本并没有"洗澡"的概念，洗澡就是游戏，是戏水。所以，他们可能会坐在澡盆里乱扑腾，玩得起劲就不愿意出来了。

行为 31　害怕洗澡

但父母却是为了让孩子洗澡而洗澡的,洗澡要洗得干净,有时间限制,水别撒出来等等。当成人的想法与孩子不一致的时候,孩子自然会抗拒这件事。

二、洗澡的人换了

2~3岁的孩子处于秩序敏感期,他们做什么事情都要遵循既定的次序才能获得安全感。如果一直以来都是由奶奶给孩子洗澡,后来突然换了妈妈来洗,孩子便会觉得不舒服,这也是孩子不爱洗澡的原因之一。

三、打断了进行中的游戏

孩子游戏还没尽兴,突然被要求去洗澡。需求没有被满足的情况下,孩子便会抗拒洗澡。类似的情况还有,在洗澡之前发生了不愉快,孩子便借题发挥,以拒绝洗澡的方式来表达不满。

如果孩子已经产生了抗拒心理,父母再强行要求他洗澡,不但会加剧孩子的抗拒心理,同时也会使孩子对父母失去信任感、对家庭失去安全感。

那么当孩子产生了害怕、抗拒洗澡的行为后,父母该怎么办呢?父母们换一换思维,按下面的方法来实行,孩子会更喜欢的。

父母高招:换换想法和做法

对于孩子来说,当洗澡已经演变成痛苦的时候,父母们就需要换一换想法,换一换做法了。要帮助孩子享受到洗澡的乐趣,至少可以做到不用争吵就能让孩子去洗澡。要尽量使孩子在洗澡时感到舒适愉快,并把洗澡当作每天必做的事情。

换一换想法,让孩子重新认识洗澡

1. 别为洗澡而洗澡,把洗澡当游戏

孩子在3~6岁的时候,所有的生活都可以用游戏的方式去改变与创造。父母们要发挥智慧,让孩子带着游戏的心情去洗澡,享受洗澡。

2. 让孩子有安全感

如果父母不知道怎样为孩子洗澡,那需要学习什么样的洗澡方式会让孩子有安全感,或者也可以从老人那里得到一些经验和建议。研究资料显示,当孩子在会说话之前,妈妈给孩子洗澡时,对孩子温柔地唱歌、讲话,鼓励孩子拍水玩耍,可以增进亲子关系,更有利于建立安全感。

3．让孩子完全舒服

要试一下水温与水深,不要让孩子感受到不舒服。

4．摸清孩子的习性

有时候,你只需了解孩子洗澡时的嗜好就可轻易解决问题。

换一换洗法,让孩子爱上洗澡

1．使洗澡很有趣

父母给孩子洗澡时,要和他玩耍、说笑,喊他的名字,千万别像洗一个脏瓶子那样默不做声。

可以在洗澡时让孩子唱歌、做游戏,同时告诉孩子怎样自己洗澡。孩子洗完后父母要进行检查。当孩子长大一些后,可以让他自己放沐浴露。洗澡时,还可以把水撩在孩子脸上逗他玩,这也为他以后学习游戏做好准备。

2．尊重孩子逐渐发展的自我意识和独立性

孩子必须了解他的身体的隐私部位。教孩子像洗其他部位一样洗这些地方。如果孩子对隐私看得很重,要尊重他的想法。

父亲负责给男孩洗澡,母亲给女孩洗澡。单身父母的家庭可以让孩子穿着泳衣学习洗澡。

3．让孩子自己洗澡

如果有可能,父母要尽量鼓励孩子自己洗澡。两三岁的孩子洗澡时,父母要坐在旁边对他说话或给他念故事听。

一般来说,四五岁以前的孩子还不能自己洗澡。但究竟何时孩子能安全独立地洗澡并不存在一个明显的年龄界限,这要取决于他身体的协调能力以及他是否细心。

换一换孩子的游戏时间

当孩子玩得正高兴时往往不愿意去洗澡,于是他们就会想一些办法来逃避

行为 31　害怕洗澡

洗澡。如果每天洗澡已经成为一个雷打不动的规矩,孩子就会意识到即使他拼命哭闹也别想把洗澡时间往后拖。

1. 使洗澡制度化

如果家里规定每天洗澡和经常洗头是一个不能因为任何借口或争吵而改变的规矩,孩子就会知道他除了乖乖地洗澡以外别无选择。

2. 定好洗澡时间

选择一个适当的时间让孩子洗澡。这样,洗澡就不会与其他活动冲突。

不同年龄孩子洗澡面面观

断奶后至2周岁：培养洗澡好习惯

这个年龄段是培养孩子乐于洗澡的良好卫生习惯的开始，所以，你尽可以把浴室"打扮"得像一个"玩水室"。如果宝宝要玩水桶，玩橡皮鸭子游泳，只要注意安全，不妨放手让他去玩。让宝宝慢慢喜欢上每天洗个澡。

在给孩子洗澡时，别让孩子直接坐到盆里，要先把孩子的屁股洗干净，再让他坐进水里。

2~6周岁：坚持洗澡练毅力

让这个年龄段的孩子渐渐养成夏季天天洗澡的习惯，因为皮肤需要清洁，更深的意义则是让孩子养成爱清洁、讲卫生、有规律的生活习惯。

在给孩子洗头的时候，父母一定要保护好孩子的耳朵，以防进水。

洗澡过程中，可以添加适当的游戏内容，防止孩子产生厌烦感，无法养成爱洗澡的习惯。

行为 32

自我否定

行为表现：我不是自己

一封父母的来信，让自我否定的孩子浮出水面。

我家小孩三岁了，去年上的幼儿园。今年前两个月还好，五一长假过后只上了两天就不愿意上幼儿园了，问她原因也不说，每天早晨到幼儿园都要大哭，特别是被老师抱上去的时候更是哭得惨。我与她的老师交流过，老师说她在幼儿园表现还好呀，没有发现什么异常。

这样过了两个星期，小孩因为生病在家休息了几天。孩子病好后，我跟她在玩的时候对她"打预防针"，说第二天要去上幼儿园了，她又是不愿意，我问她为什么，她突然说她不喜欢幼儿园的凯特（她在幼儿园的英文名）。

我听了很诧异，就问她为什么不喜欢，她说幼儿园的凯特不乖。我问她老师喜欢幼儿园的凯特吗，她说喜欢。我问她喜不喜欢家里的凯特，她很快地点头说喜欢。我又问她幼儿园的凯特是不是吃饭不乖呀（她在幼儿园吃饭像完成任务一样，总是很慢，她说过老师批评她吃饭慢吞吞，所以我就往这方面考虑），她就说是呀。我又问她上课乖不乖，睡觉乖不乖，做游戏乖不乖，结果她说的都是不乖，问到这我也没有再问了。

女儿在几天内两次提到了不喜欢幼儿园的凯特,都是因为她认为幼儿园的凯特不乖,而且她还说自己不是幼儿园的凯特。

看到这里,大家就明白了,这个女孩认为幼儿园的凯特不是自己,她在不断地自我否定。

心理语言:"我"为什么是"我"

三岁的孩子比较难对付,他们刚刚发现了"我"的价值,开始认识到自我的权力,并能清晰地认知自己与周围事件的关系。由于缺少经验,许多事情他们无法理解,而成人也无法给他们解释清楚。

孩子人生中的第一个叛逆期

在积累的对事物了解的经验上,孩子更多地相信自己而不相信成人,这就造成了许多看似不可理喻的事件。

孩子不断地否定自己,首先是有了某一方面的需求,然后,觉得所需要的东西自己身上没有,而自己又没有能力获得这种想要具有的特质。与别人比较,发现自己某些方面不如别人时,孩子就会否定自己。

三岁的孩子反思能力和比较思维能力都没有发展起来。如果条件允许的话,他每天会沉浸在对朋友的探索和对物体的探索之中。他刚刚发现人是可以交朋友的,并且无意识地需要朋友,他还没有意识到自己需要友谊。

他不可能对着镜子看了自己,再去跟其他小朋友比较,在长相上找出自己不如其他小朋友的地方。

自我否定,是心理早熟

案例中孩子回来跟家里人说不喜欢幼儿园里的自己,这要相当成熟的人才能做到。

因为这样的孩子认识到在家里的这个自己具有什么样的特质,在幼儿园的那个自己有什么样的特质,哪些是真实的,哪些是装出来的,还要认识到自己身

行为 32　自我否定

上的特质哪些是自己喜欢的,哪些是不喜欢的,一个三岁的孩子很难达到这样的水平。

如果在家里,家人表达的都是关怀和爱意,能接纳孩子所有的行为,这样孩子会感受到自己是被喜欢的。在幼儿园,老师如果累了,烦了,目光中会带着冷漠或厌烦的神情,若老师再跟孩子说如果你不怎么怎么样我就不喜欢你,如果你怎么怎么样我就喜欢你,孩子无法辨明是非,会认为老师说的都是真理,只要老师不喜欢的一定是不好的。

所以,有些孩子被老师骂得非常厉害,却不会回家后跟家长说,因为他们认为是自己不好,说了以后家长也会像老师那样对待他们。于是他们会将恐怖和苦难深深地埋在心里,选择另外的时机和方式流露出来。

三岁的孩子对语言还无法深刻理解,所以他们的表达并不非常准确,往往只是随意地回答着成人的问题。成人不能只以孩子的语言为准,要看孩子的状态。

至于孩子不愿意去幼儿园的问题,还要另当别论。孩子上再好的幼儿园,也会有不想去的时候。所以,不愿意去幼儿园不一定是幼儿园有什么问题,但孩子说不喜欢幼儿园的却是孩子自己有问题。

在前面案例中,家长还需要想办法去了解孩子在幼儿园里的状态,以及老师在家长离开后对小朋友的态度,找到问题的症结,就能够帮助孩子了。

父母高招:赞赏孩子,让孩子了解自我

让孩子了解自我、认识自我,首先要从被肯定、被赞赏开始。有的父母,在孩子还没开口前便不耐烦地随便敷衍孩子,导致孩子不愿再跟父母说话。有时因为孩子一次的失败,父母便恨铁不成钢地责骂,导致孩子丧失了自信……

诸多的原因,让孩子慢慢不再相信自己。面对这种情况?父母要分三步来改变孩子。

第一步:沟通

第一步往往是最难的,因为孩子不愿意再跟父母分享,所以父母在沟通过

程中,要用到一些小技巧,多用些理解性的词汇,比如:

"听得出来,你很生气(或你很不安、害怕、委曲、愤愤不平、伤心……),你能把事情的经过告诉我吗?"

"这确实是一件麻烦事,让你六神无主,不知该怎么办了。不过对那个细节,我还想知道得再具体些。"

"你感到难以启齿,不过你已经勇敢地走出了第一步,让我们一起看看,当时这件事是怎么发生的。"

"你很气愤,也很失望。不过我想知道,你难道没采取过什么行动吗?"

在了解情况的过程中,父母往往会发现,孩子其实犯了很大的错误,这时,可以这样说:

"你感到……不过,我怎么感到你并不像你说的那样,是吗?"

"你前面说……现在又说……我该怎样理解你的话呢?"

"你说别人认为你是这样的,你却认为自己不是这样的,怎么会出现这么大的差距呢?"

"你说你感到委曲,不公。不过,你能想象一下,他为什么单单对你如此呢?"

在沟通过程中,父母要注意:

"你不应这样做。"改为:"我很想知道你这样做有什么好处,能说说吗?"

"你值得这么伤心、生气吗?"可改为:"你感到伤心和生气,是吗?"

伤害孩子的禁语　取笑:"啊呀,怎么会是这样呢?太好笑了!"

责怪:"你怪谁呢?要怪就怪你自己。"

强加:"我要是你,就……"

轻视:"说了半天,你怎么就这么糊涂呢?!"

绝望:"好了,我看你这孩子是无可救药了。"

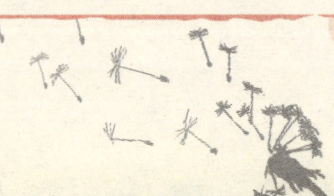

第二步：观察

父母在生活中要细心观察孩子,发现孩子有进步的地方。要拿孩子的今天比昨天,比前天,而不是跟别的孩子比,哪怕发现一点微小的进步,也应及时肯定。不应该由于横着比或高标准要求而漠视、忽略孩子的点滴进步。"星星之火,可以燎原",优点是一步步发展的。

看孩子的任何问题都应从尽可能多的角度去了解分析,避免以偏概全,笼统否定。

关于表扬,父母应该注意要中肯、适度,不过分夸大,也不无端缩小;要有分析地表扬,要具体,不能太笼统,让孩子清楚表扬的是哪一点,为什么被表扬。

第三步：信任

发现孩子的特点后,父母可以逐步让孩子自己完成一些事情,把信任放在一件件具体的事情上,孩子才能逐渐自我肯定,发现自己的优势。

表扬孩子不能抛开原则。不恰当的表扬会让孩子变得自负和自满。

把握表扬的**科学性**

表扬要适度、适量

过多的高度评价，孩子可能会自视过高，这样一旦遭到失败，便可能面临一次心理上的"滑铁卢"。

表扬对"事"不对"人"

父母表扬的目标一定要明确，才会对孩子产生正面效果。某一行为的正确，并不代表孩子就完全没有错误了。

表扬的方式

这点很关键，表扬越具体明确，孩子就越容易理解，并且乐意再做一次。夸奖是糖，不能让孩子吃太多，否则心理上可能会有"蛀虫"。

行为 33
一批评就哭

行为表现：语气重点就哭

"我女儿上小学一年级,老师说她平时学习挺好,但有一点不好,老师只能表扬她,一旦批评她,她就开始哭,该怎么办?"李女士着急地说。

"哎呀,我家儿子也是,才刚上幼儿园。老师批评过一次,哭闹后就再也不想去幼儿园了,还是个男孩子。这以后要是遇到点什么事,可怎么办啊?"王女士回答道。

旁边有位做老师的朋友说:"我有名学生平时表现不错,成绩也不差。有天上课时,他有些不安静,时不时去骚扰同桌。下课后我便把他叫到办公室批评了几句。没想到,他居然说再也不想学英语了。听得我真伤心啊!"

现在的孩子不仅在学校里经不起批评,在家里被说了两句,也会生闷气,很久不和家人说话。或许是平时爷爷奶奶比较宠爱,几乎不敢说重话,就怕孩子会做出一些不好的事来。可孩子犯了错就得批评教育,不教育怎么行呢?

面对这样一群"陶瓷"般脆弱的孩子,难道就真的批评不得了吗?

心理语言：是不是不再爱我了

如今的孩子大多是家中独苗，被浓浓的爱包围着，承受力普遍较差。像前文中所述一批评就哭就是一个非常好的体现。而日后成功者，必定要有所担当，能经得住生活中的各种考验。道理虽然简单，但很多父母做起来还是觉得很难。

至于孩子为什么一批评就哭，多是家庭教育环境造成，常见的五种病因如下：

病因1：过分溺爱

现在很多家长特别是老人，视孩子为掌上明珠，样样事情都要依从他。久而久之，孩子就形成了"以我为中心"的心态和任性的性格。在这种环境中成长的孩子，受不得一点委屈和挫折，稍不顺心就会哭闹不停，更别说是批评了。

病因2：过分夸奖

如今赏识教育大行其道。一般来说，赞赏孩子可以培养其自信心，但如果过分赏识，就会让孩子变得自负，上得去，下不来。一旦遇到强手被击败的话，很容易郁闷、丧失自信而变得自卑。

还有一些孩子相对比较听话，他们做错事时，父母往往会网开一面，也不批评孩子。这样，孩子也受不得一点委屈，别人稍说重话就哭闹。

病因3：孩子成功后的大肆表扬

当孩子成功后，父母对其大肆表扬。在家里和孩子玩游戏时，比如：下棋、玩扑克、游戏、竞赛，总是想尽办法让孩子赢。这样的教育方法，会使孩子形成只能赢不能输的心态。

这种现象在许多家庭中比较常见，输赢类游戏中，父母都会让着孩子，就是怕他们输了会哭闹。但是当他们长大成人后，除了父母，谁还会让着他们呢？

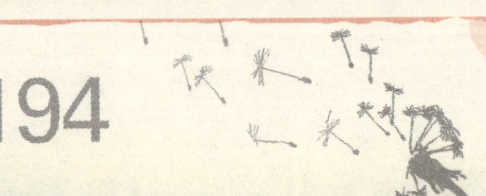

病因4：包办替代

正常情况下，孩子从1~2岁起就会抢着要自己吃饭，还有些孩子要自己穿衣裤、穿鞋袜、帮忙叠衣物、收玩具等等。这些都是孩子对动手做事的敏感表现，聪明的家长会很乐意配合。但许多家长忍不住包办代替，把一切打理得干净利索，生怕孩子会做错。

病因5：推卸责任

有些家长在孩子摔倒时故意打地板，并告诉孩子："都是地面不平，害宝宝摔倒，妈妈打它！"将孩子摔倒的责任推给了无辜的地板，碰到挫折时孩子就习惯了不去面对或推卸责任。

家庭教育全都体现在细节中。如果孩子一直被泡在蜜罐里，没有经历过一点挫折与失败，那在将来，孩子怎样才能承受步入社会后的挫折呢？

还有些家长经常批评孩子，老是担心如果自己不说，不经常提醒，孩子就不会改正缺点，就会越来越堕落。

话虽有理，但是，每个孩子都是有自尊心的，上进是他的天性，只要不被扭曲，就一定会正常成长。

对于孩子身上的某个缺点，可以适当提醒。一旦发现这个缺点反复出现时，就应该考虑用正面鼓励的方式，不动声色地去帮助孩子克服，而不要反复地直接批评，不要说"我都跟你说过多少遍了，你就是不改"之类的话。在这种环境下成长的孩子，往往会认为自己在父母眼中，毫无可取之处，甚至怀疑父母对自己的爱。

父母高招：一点点改变孩子

前文所述的五种病因，父母需要分别对待：

病因1对症疗法：

长期处于溺爱中的孩子往往非常任性，对于这些任性的孩子，家长的态度最重要。当孩子在受挫后哭闹时，家长要保持平静的心态，听到哭声切不可心烦、焦躁、不知所措，不要被孩子的眼泪攻势击败。要让孩子懂得靠哭是不能最终解决问题的，当孩子有了无论怎么哭也不能达到目的的体验后，就会学乖听话，停止哭闹。

然后让孩子通过努力去实现心中的愿望，这会使他感到满足。

病因2对症疗法：

如果一直过分夸奖孩子，一旦某天他受到惩罚就会承受不了。父母要了解，虽然孩子受罚，当时心里会难受，但这种心理承受能力的培养是必要的。父母要让孩子明白，人无完人，接受批评也很正常。

要注意的是，在批评时要对事不对人。先严肃地告诉孩子，爸爸妈妈对他们所犯的错误的感觉，然后默默地望着孩子片刻，最后说："你是个好孩子，只是这次的行为是不对的"，最后紧紧拥抱孩子。这一连串的过程在一分钟内完成。

病因3对症疗法：

孩子一成功，父母就大肆表扬，那么，对于失败，孩子就不能坦然接受。而由于受到能力、技巧、经验等方面的限制，孩子很容易遇到困难。此时父母要狠下心来，在他摔倒时鼓励他自己爬起来；对挑食、偏食、厌食的孩子，不妨饿他一两顿；要玩具自己去拿，衣服、裤子自己穿，让他自己去克服困难。

病因4 对症疗法：

若孩子的事，父母全部包办，孩子就容易缺乏自信心。自信心的培养是对抗挫折的重要手段，而培育自信心的最佳方式就是鼓励孩子自己动手做一些力所能及的事情。

一般来说，一两岁的孩子可以做些给妈妈递毛巾、纸张、收拾玩具等事情；

三四岁的孩子可以做一些整理报纸、给下班的爸爸妈妈拿拖鞋等简单的劳动；

四五岁的孩子可做一些较为固定的、定期的家务，如擦桌椅、吃饭时收放餐具等，使孩子逐步意识到自己在做有益的事情；

五六岁的孩子可让他们独立洗碗筷、洗手绢等。

病因5 对症疗法：

孩子说谎往往是为了掩盖犯错的真相，父母在处理时不要严厉追问。要让孩子知道，根本无需说谎，父母不责罚诚实的孩子。家长可以通过讲故事来给他灌输正确的行为准则，让他知道大家都喜欢诚实守信的好孩子。

为孩子设个"记功簿"

有些家庭会为孩子设立一个"功过簿"，虽说是"功过簿"，但往往记过比功多。儿童的反思意识和控制能力都还没有形成，他们更容易受到暗示和兴趣的支配。

成人以为把孩子的缺点写出来，张贴在眼前，孩子就会经常自我提醒，理性地纠正自己的错误。这样的家长太不了解儿童的特点了。而且，凡是来他家的人都会看到这张纸，这么多缺点挂在墙上，也会伤害孩子的自尊心。

所以，不如把"功过簿"改为"记功簿"，多让孩子了解自己做对了什么，对他加以赞扬，不仅加强了孩子的自信心，同时也能让孩子多做对的事情。

孩子小·也得有原则

孩子分辨是非能力低，常常会把无理要求当成正当的。此时家长就应该坚持原则，不能为了一时心疼孩子就满足孩子的过分要求，从长远来看那是有百害而无一利的。

孩子小的时候，习惯由父母养成，像这位母亲说的：

冬冬小的时候，我从来没有给他买过雪糕，这也养成了他从小到大不吃雪糕的习惯。其实，何止雪糕，一般的零食我都很少给他买，而且所有吃的食品也都是买来在家里吃，从来没有在大街上随便买一些零食吃。就连玩具也不随便给他买。

有些父母可能会说，如果孩子要赖怎么办呢？看母亲的绝招：

冬冬两岁的时候，我领他到百货商店。经过玩具柜台前他就不走了，非要买一个很贵的电动汽车。

按理说，小孩子要玩具是很正常的，可我不答应，不能养成他要什么就买什么的习惯。他见我不答应就一屁股坐在地上大哭起来，拽他还不起来。这下可气坏我了，我不再理他，自己径自走了。我拐过去，藏在一个大柱子后面偷偷观察着他。只见他过了一会儿不哭了，转头发现妈妈没有了，就喊起妈妈来。我看到他着急了才走出来，跟他讲了一通道理后，他乖乖地跟我走了。

其实很多父母也经常会遇到这样的情况。孩子因为得不到某件自己喜欢的东西，或其他的什么目的没有达到，就大发脾气，而且还专找人多的时候或公共场所来闹，以便使父母妥协。家长因为孩子闹得不可开交，怕丢面子或怕孩子哭坏了，就满足了孩子的要求。

如此几次下来就养成了孩子任性、霸道、说一不二的坏习惯，而且愈演愈烈，一发不可收拾。做父母的一定要在关键时刻学会硬起心肠来，而不是一味地迁就孩子。

行为 34
外面的"小·大人"

行为表现：在外"小·大人"，在家"小·人大"

丽丽早上来学校的时候，跟妈妈闹别扭。

原来，在出门时，妈妈按了电梯一下。丽丽不高兴了，大哭："我不要妈妈按电梯，我要自己按。"边说边狠狠地捏了妈妈几下。

妈妈虽然很生气，不过还是安慰丽丽："宝贝，妈妈错了，现在丽丽来按，妈妈不按。"

哪知道丽丽并不领情，大声地叫："你给我变回去，变回原来的样子，我要自己按。"

妈妈很无奈，也很苦恼，按也不是，不按也不是。怎么能变回原来的样子呢？丽丽边哭边打妈妈。妈妈气坏了，便打了丽丽。这时丽丽哭得更厉害了。后来还是奶奶出来，把丽丽哄好了，并送去学校。

丽丽妈妈还说，这段时间，丽丽动不动就发脾气，还摔玩具，而且还很没礼貌地跟家里的长辈嚷嚷："你出去，我不要你"。孩子表现得很任性，很执拗。

丽丽的行为恰好说明了儿童执拗的敏感期到来了，此时是父母最为苦恼的时候。如果父母不理解孩子的这一行为，不知道用什么方法去帮助他们，那么很有可能就会伤害到孩子。

心理语言：执拗敏感期让孩子变了性格

孩子执拗的敏感期，可能来源于秩序感。在建构秩序感这一特殊品质时，儿童的过分需求常常被认为是"任性"和"胡闹"，但我们觉得，用"执拗"这一概念更准确一些。

孩子在这一时期常常难以变通，有时会到难以理喻的地步。我们并不知道其中的真正原因，但孩子的心理活动一定是有秩序的，当他没有超越这种秩序时，就会严格地执行它。

比如看光碟不能被打断；大人不能将衣服搭在臂上；上楼梯时不能大人先上，否则必须退回来；有客人来访，听到门铃声必须是孩子来开门，如果大人开了，他会哭着要求大人出去，重新再开一次；剥糖时孩子要自己剥，如果大人把糖纸撕开，孩子会愤怒地扔掉它，要求重来一颗……

很多家长难以理解孩子的执拗。当成人不能帮助孩子顺利度过这个阶段时，孩子必定受挫。要解决孩子的执拗问题，一是要理解，二是要变通。

理解不是特别难，但变通需要智慧和技巧。只有变通得好，才能成功解决问题，才有随之而来的快乐。

两岁九个月的刘力，近期频频出现不同的敏感期。

一天下午在学校吃午间餐的时候，刘力碗里的一小块红薯掉到地上了，刘力赶紧捡起来，并且还要吃。

老师耐心地反复告诉他："宝贝，你碗里还有好多，掉地上的不卫生，不能吃了。"

但刘力仍坚持要掉在地上的那块，根本不听，也不看碗里的红薯，并且大哭。老师越是耐心地解释，刘力越是大哭，边哭边说"我要掉的那个，我就要掉在地上的那个。"

行为 34　外面的"小大人"

老师无奈地看着他,不知如何是好。了解了事情的经过后,另一位老师蹲在刘力旁边说:"宝贝,你的红薯掉了,你很难过是吗?"

刘力边哭边点头。"老师知道你现在很难过,你想要掉的红薯是吗?"

"是的,是的。"刘力边哭边说。

"老师知道刘力难受。"

"我难受,我难受。"刘力的话不再强调红薯,"老师知道刘力难受。"老师反复地与刘力这样对话,焦虑的刘力逐渐平静下来,哭声小了,仍有些抽泣,但开始吃碗里的红薯了。

幼儿对秩序的要求起初并未达到执拗的程度。一开始他会不安、哭闹,随着自我的逐渐形成,他将这一秩序上升到意识层面,才开始变得执拗、不妥协。

执拗的敏感期过后,追求完美的敏感期接踵而来。孩子做事情要求完美:

端水时洒出一滴就很痛苦;

吃的苹果上不能有斑点;

厕所白色的便盆不能有任何黄渍;

衣服不能少扣子等等。

接着又上升到对规则的要求:我遵守规则你也必须遵守,人人都要遵守;香蕉皮必须扔到垃圾桶里,没有垃圾桶就必须拿着;红灯亮了,即使马路上一辆车、一个人没有也不能过马路,已经过了必须退回来,退回来也不行,谁叫你这样做了!

对秩序的追求上升到对审美的追求后,儿童就能敏锐地感知环境和氛围的变化。

父母高招：父母多学习

如果要帮助孩子度过执拗期，就应当尊重孩子的秩序感与安全感。家长应当善于观察，留意孩子的一言一行，注意孩子思维、行动的每一个细节，让孩子自主地选择思考与活动的方式，不要急于干涉。同时，家长要注意自己的言行，孩子的许多秩序感是受家长言行举止的影响。

对于孩子已经建立起的秩序，不要轻易改变，即使必须改变，也应先做一些改变前的尝试性工作，让孩子慢慢适应。

比如，有些孩子在入睡前喜欢用手捏着枕头边，用来代替吃奶，或者喜欢抱着某个玩具。那么每当孩子入睡前，要尊重孩子这个习惯，不要制止他们，也不要拿开玩具。

当然，孩子有些习惯可能是不良习惯，如果想做一些改变，一定要有耐心，并给孩子寻找好新的替代物。否则，就会适得其反，出现哭闹也就可以理解了。

按秩序做事。所谓秩序，就是次序、顺序，就是一定要按孩子的秩序做事，这里要特别强调，是按孩子的秩序，而不是成人的秩序。

孩子秩序感的建立来源于日常生活。由于语言表达能力有限，所以他们更多的行动都是体现在肢体语言中。孩子的看似毫无意义的肢体语言很多都是其内心想法的表现。当然孩子所建立的秩序，并不一定正确，或者说不一定符合成人的要求。但是，请不要以成人的意志为转移，随意破坏孩子的秩序感。

比如，一个孩子每次喝奶前，只要妈妈在家，都是由妈妈先尝一口，然后再将奶瓶交给孩子。一次，因为妈妈要接一个电话，忽略了这个动作，就直接将奶瓶递给了孩子。孩子拒绝喝奶，而家长还哄着让孩子喝，孩子就哭闹起来，反复说："奶，妈妈"，"奶，妈妈"。

妈妈以为是孩子要抱抱或者什么其他原因，但反复哄，孩子还是不停地哭闹。

行为 34　外面的"小大人"

结果，家长反复哄，孩子反复哭闹，进入了一个循环，有的家长可能就会认为孩子的脾气或性格不好。这种状况的出现，仅仅是因为一个次序错误，这不是孩子的错。

立中有破，破立结合。按秩序做事，并不是说不能打破秩序。因为孩子建立的秩序感并非都是正确的，这些不正确的秩序感有时是要做出调整的，尽可能建立一个优良的秩序感。在破除孩子不良秩序感的时候，一定要注意方式和方法，要与孩子进行积极有效的沟通，理解孩子内心的感受。

比较好的方法，就是以新鲜、良好、快乐的方式建立新的秩序。不要从家长的主观意愿出发，因为在家长看来很简单的秩序，对于孩子来说却不是一下子就能形成的。换句话说，成人所拥有的秩序感也是在反复破立中形成的。

家长不能将自己已有的秩序感强加于孩子，这对孩子来说不仅仅是不能理解的，更是不公平的。

上个月，学校把旧杯子全部换成了新杯子。新旧杯子上都写有孩子们的名字，但名字的字体不一样，这样一来，有些孩子认新杯子就有点困难，喝水时不能马上找到自己的杯子。媛媛就是这样。

但老师发现，媛媛找自己杯子的方式很独特。每当她喝水的时候，她总是先拿着刻有"张敏"名字的杯子问："老师，这是不是我的杯子？"老师说不是，她回去继续找。过一会儿，又举着刻有"马宇"名字的杯子来问是不是她的杯子，老师又说不是，她不声不响地离开了。再过一会儿，她准会高举着刻有自己名字的杯子问："这是不是我的杯子？"老师告诉她："是的，这下对了，你真棒！"

媛媛毫不理会老师的夸奖。每次找杯子都要经历这个过程，先拿张敏的，再拿马宇的，最后拿自己的。孩子们一天要喝好几次水，拿好几次杯子，每次她都象运行电脑程序一样找三次。

可能你会感觉，媛媛很烦，但执拗敏感期对于孩子和家长来说，都是一个不平凡的阶段，甚至有时可能让家长和孩子都倍感苦恼。

但只要家长投入足够的耐心与爱心，细致观察、认真体会、勤于交流，那么家长和孩子一定能顺利度过执拗敏感期。

为人父母者也应认真严格地把握家庭教育的分寸尺度，才能最大限度地发挥家庭教育的作用，促进孩子的健康、和谐发展。怎样才能把握家庭教育的度呢？以下几点值得家长深思：

家庭教育之 四度

1. 教育目标适度

在望子成龙的心态下，家长往往对孩子期望过高，对孩子教育的目标定得过高，以至于揠苗助长、强其所难，必然产生与孩子之间逼迫与逆反的矛盾冲突，对孩子心理造成不良的影响。

因此对孩子的适度期望是必要的。适度的家庭教育目标，一定是孩子跳一跳可以够得到的，也一定是家长自身的指导、参与条件能胜任的。

2. 教育方法适度

父母容易犯的错误有：一是过度娇宠。过度的关怀和无原则的包办代替，剥夺了孩子确立自主意识和自立能力的锻炼机会。二是过度严厉。信奉"棍棒底下出孝子"、"不打不骂不成才"。在这种情况下，性格倔强的幼儿会与父母产生对立情绪，变得性格暴躁，行为粗野；性格懦弱的幼儿，则会产生恐惧心理，学会欺骗撒谎。

真正爱孩子，就要成为一个感性和理性并存的父母。

3. 教育内容适度

目前有些家长把知识教育看得太重，而忽视了对孩子的品德、意志、兴趣、性格等非智力因素的培养。实践证明，非智力因素对一个人未来事业的成功有着极其重要的影响。过度重视智育而忽视非智力因素的培养，不但会影响幼儿良好品德和健康人格的形成，更会阻碍幼儿体、智、德、美的全面、和谐发展，甚至导致幼儿人格的缺失，给幼儿的一生带来不良影响。

4. 表扬要适度

时下，在教育孩子的理念中，"赏识教育"似乎成了每个人的口头禅。的确，对孩子要多夸多表扬，表扬有点像精神上的兴奋剂，可以让人精神振奋，自信倍增。但表扬也要有节制、有原则、有具体目标，否则表扬多了反而会适得其反，助长孩子的虚荣心，降低抗挫折的能力，影响心理健康。

正确的方法应该是有成绩表扬鼓励，有缺点批评教育，宽严有度，刚柔兼济。

行为 35
不睡觉

行为表现：晚上老是要开灯，不睡觉

最近，拉拉晚上不爱睡觉。有时候，拉拉的妈妈不想勉强孩子，就让他多玩会。可是，每次都让孩子玩，久了就会变成习惯。

昨天晚上，妈妈刚把灯关了，拉拉就说话了："妈妈，我要嘘嘘。"

妈妈本来都打算睡了，但听到孩子这样说，也就起来开灯带孩子去厕所了。可刚走到厕所门口，拉拉又说："妈妈，现在又不想嘘嘘了！"

妈妈想，孩子还小，很多时候不知道自己说的是什么，也就算了。

妈妈关了灯哄他睡了。可是没过一会，拉拉又说："妈妈，我要嘘嘘。"

于是，妈妈又开了灯，准备带着小家伙去厕所。

刚下床，拉拉说："妈妈，我又不想嘘嘘了。"妈妈有点不耐烦了，又问拉拉是不是真的不想嘘嘘了。拉拉点点头，回答："不想嘘嘘了！"

妈妈关了灯，开始讲故事给拉拉听。可是，拉拉又说要嘘嘘。

这下妈妈懂了，拉拉就是不想关灯睡觉。这可让妈妈伤透脑筋了，白天上班本来就累，晚上孩子还不睡觉。

到底怎么做才能让孩子安心睡觉呢？

心理语言：为了探究解决问题的办法

孩子晚上不睡觉，困扰了很多年轻妈妈，也影响了孩子的身心健康。

妈妈要先了解孩子不按时入睡的原因。

生理性哭闹

晚上睡觉时，饥饿、口渴或者被子裹得太厚，都会使孩子觉得不舒服而哭闹，这通常是父母在生活照顾上的疏忽造成的。有些家长总让孩子多吃点饭，但孩子要是吃多了，胃不舒服了，也会难以入睡。

白天运动不充分

年龄幼小的孩子，总是异常活泼。他们整天蹦蹦跳跳，进行以运动为主的游戏。但是现在，城市的公寓式住房约束了孩子的活动空间，公寓里通常缺少宽敞的游戏环境。孩子不能玩得尽兴，身体不累但是精神比较累，这会使大脑的兴奋性增高，当然就不想睡觉了。

妈妈管束太严格

妈妈对孩子管得太严格，不愿意让孩子去玩，甚至希望孩子安静地读书。这样管理太严会使孩子大脑受到强烈刺激。毕竟，让孩子安静的读书不符合这个年龄孩子的天性。孩子的大脑皮层会过度疲劳，不容易产生睡意，过于兴奋而睡不着。

环境不适应

在狭小的世界里，孩子对自然环境还没有足够的认识。黑夜白天颠倒，孩子白天睡觉，晚上精神好了，就想着玩。这类孩子的父母应改变孩子的生活习惯，让孩子白天尽量玩得开心，等晚上累了，就睡得安稳了。

孩子缺乏安全感

孩子在小的时候，会很依赖妈妈。但是有一些家长，为了培养孩子的独立意识，坚持从小抓起，让孩子一个人睡觉。这样，孩子会很没有安全感，特别是这个年龄的孩子想象力丰富，睡不着经常会产生一些奇怪的遐想。比如孩子会想："下午在幼儿园，我抓了红红的小辫子，把红红弄哭了。不知道晚上警察叔叔会不会趁我睡着把我抓去关起来！"

孩子在妈妈不在身边的情况下,会产生不安的情绪,再加上孩子一些奇怪的想法,就更难睡着了。

午睡时间安排不当

有些孩子,早上起得太晚,到了午后三四点才想睡午觉,这样晚上就很难入睡。有些孩子,午觉睡得太早,晚上也提前入睡,这样容易在半夜醒来。要是夜里没有人陪他玩,就哭哭闹闹。

没有营造良好的睡眠环境

要让孩子有好睡眠,就要给孩子一个良好的睡眠环境。如果居住的地方人太多,在晚上睡觉时还有很多车辆来来往往,都会对孩子产生不良影响。有时,家长自己睡眠没规律,也会对孩子产生很大的影响。

宝宝睡前精神太兴奋

睡觉前,家长跟孩子互动应该选择比较安静的游戏。如果看令人兴奋的电视节目或者玩太刺激的游戏,会使孩子保持兴奋的状态,这样孩子会很难睡着。

疾病影响

医学证明,孩子睡不好,跟某些疾病也有关系。

患有蛲虫病的孩子,夜晚蛲虫会爬到肛门产卵,引起皮肤瘙痒。孩子会变得烦躁不安,夜里也经常啼哭不停。

另外,缺钙会引起大脑植物神经兴奋性增高,导致孩子夜间烦躁不安,睡不踏实,有时会惊醒、哭闹。

父母高招:别让孩子感受到父母的抱怨

孩子跟家长的作息时间不一致,半夜吵醒父母确实让家长很伤神。如果不及时矫正这个习惯,它可能一直延续下去,这就影响了父母的休息和工作。

应该让孩子养成天黑就入睡的习惯。正常的孩子一般在八点左右睡觉,早上醒来比父母还早一些。很多家长认为只要孩子睡够就行了,早睡晚睡没多大区别。其实不是这样的。

从生理学的角度来说,经常晚睡会影响孩子正常的生长。因为孩子的生长激素是在睡眠中分泌的,长期晚睡孩子抵抗力会下降,容易生病。

研究表明：

在中国，1~6岁的儿童睡眠时间普遍不足，有50%的孩子睡眠有障碍。2~3岁孩子的平均睡眠时间比标准时间少一个小时，但是大多数家长都认为孩子的睡眠是足够的。

可见，在孩子的睡眠问题上，很多家长的认识是不够深刻的。

人类的生长依赖于生长激素，但是生长激素的繁密是有规律的。只有在睡眠的状态下生长激素分泌得最多。研究表明，生长激素分泌高峰一般在晚上十点到凌晨一点左右。

因此晚上孩子最迟不要超过九点睡觉，在八点左右是最合适的。这样，孩子有足够的睡眠，又不错过生长激素的分泌，孩子的成长才会有合理的保障。

另外，睡眠好还能增强孩子的免疫力和智力。

为了孩子的健康成长，家长就要找出孩子不睡觉的"病根"，才能为孩子的健康成长做铺垫。家长应该做些什么来帮助孩子睡得更好呢？

首先要给孩子一个舒适的睡眠环境。

孩子睡觉的理想室温大约在20~21摄氏度。在孩子的房间内装一个能调光的床头灯是非常有必要的。当你晚上去看他时，就不会吵醒他。另外，孩子的床上不要放置其他衣物，特别是颜色鲜艳的包装袋等。这些东西会在孩子想睡觉时吸引孩子注意力，很可能成为孩子的玩具。

白天，尽量让孩子进行大肌肉运动，多跑跑蹦蹦跳跳，这对孩子的睡眠是有帮助的。比如，家长可以让孩子玩一玩捉迷藏的游戏，让孩子能够尽情玩耍，多做全身能得到充分运动的游戏。

不要给孩子安排太多学习内容。很多家长怕孩子输在起跑线上，让孩子读书写字看书。这些都不符合孩子的年龄特点，过早的让孩子接触文字的学习，会使孩子的神经过于兴奋，晚上很难睡着。

另外不要以为吃多了身体就长得快。晚上不要给孩子吃太饱，晚饭也不适宜吃太晚。吃的太饱胃太撑，孩子不容易入睡，只有保持肠胃舒适，才能睡得好。

睡觉前，不要让孩子看他爱看的动画片或者玩太剧烈的游戏。妈妈可以用

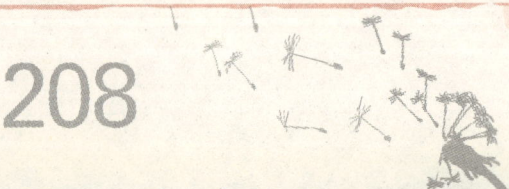

行为 35　不睡觉

比较温和的声音念书给孩子听,或者讲讲故事。通过这种方式让孩子平静下来,就可以安心入睡了。

家长要有好的作息时间。如果孩子不睡觉,就应该先检查自己的生活是否有规律。妈妈们要以身作则才能给孩子做榜样。

如果,孩子晚上还是不睡觉,就要关注孩子是否身体不舒服,比如蛲虫病。若有,就需要带孩子去医院就诊,尽快消除影响孩子睡眠的不利因素。

如果孩子缺乏维生素钙,多给孩子补充点钙片或者晒太阳。

孩子在睡觉时,不要让孩子突然受到惊吓。在孩子睡不着的时候,不要恐吓孩子说:"再不睡觉,巫婆就要来抓你!"

通常,爸爸妈妈在孩子半夜醒了之后,便会跑过去抚慰孩子。其实这不是最好的做法,可以先在一边看看孩子醒后怎么样。有时候,孩子醒了之后,翻几下身又睡着了。如果孩子醒了之后,哭闹不止,才需要家长哄孩子入睡。

不要让孩子带着烦恼睡觉。孩子白天做错的事最好在睡觉前解决好,不要说:"现在晚了,等明天再好好跟你算账"这样的话。孩子会担惊受怕睡不着。

与孩子的换位思考

有一次,鲁迅在家里宴请几位作家。席间,周海婴将一颗丸子咬了一口,又吐了,说是变了味。朋友们看到便说海婴调皮,客人们觉得,这孩子怕是被惯坏了。鲁迅夹起海婴丢掉的丸子尝了尝,果然是变了味的,他感慨地说:"小孩总有小孩的道理……"

从这件小事可感受到鲁迅先生深沉的爱和善良的体贴。在众人面前,鲁迅没有摆家长的架子,没有照常情,勃然大怒,伸出大手在海婴的屁股上打几下。

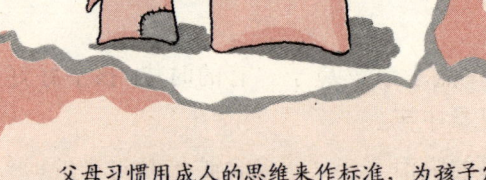

父母习惯于用大人的眼光看问题。对于孩子的行为,父母总是在不自觉中掩饰起曾有的童心,用成人世界的规则对他们横加指责。其实孩子自然有孩子的道理。

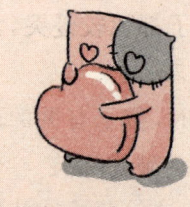

父母习惯用成人的思维来作标准,为孩子定下惩奖制度。可是父母忘记了,同一件事从不同的角度看,能够得出不同的结论。

父母从没有想过,要换个角度,站在孩子的立场上看问题,更没有想过孩子的内心是怎样看待外界的一切。

当给孩子穿上父母认为好看的衣服时,您是否看到孩子诧异的目光?在孩子简单的印象中,他们觉得自己和别的孩子完全一样或完全不一样才是好看的。所以,父母们,不妨给孩子穿上最朴素的校服吧。

行为 36
装哭

行为表现：孩子爱装哭

小孩子都比较爱哭，常常会为了一点小事哭鼻子。有的时候，孩子好好的也会哭起来，让父母感觉莫名其妙，无从下手。

而有时，孩子有哭的声音，没有哭的眼泪。当父母急急忙忙赶过来的时候，孩子往往会破涕为笑。

其实，这是孩子在装哭。有时为了引起爸爸妈妈的注意，让父母重视自己的情绪，孩子就会装哭。生活中经常会碰到这样的例子。

星期天涛涛不用去幼儿园，一大早就起来在客厅里玩汽车。小涛涛玩得挺开心的，一会遥控汽车开到客厅这边，一会又开到客厅那边了。

当时，涛涛的爸爸坐在沙发上看杂志，妈妈在厨房里准备着早餐。

小涛涛从起床开始玩到现在，也差不多累了，就坐在了地板上。看着爸爸妈妈都在各忙各的，好像都不关心自己，于是，小涛涛就大声哭叫了起来。

"哇……"小涛涛扯着喉咙喊。

"怎么啦宝贝？"爸爸急忙过去。

"嘻嘻……"小涛涛看到爸爸跑过来，还做起了鬼脸。

爸爸开始还以为小涛涛怎么了,一会哭一会笑的,后来问清楚了,原来是小涛涛玩累了,看没人理睬自己而故意闹的。

心理语言:你看看我的情绪

从孩子爱装哭的例子中,我们可以看出,孩子装哭多半是为了引起父母的注意,让爸爸妈妈多看看自己的"情绪",让自己得到重视。

我们知道,孩子到了一岁,就开始有了自我意识,往往以自我为中心来思考问题,可是他们又离不开对父母的依赖和依恋。

在这个时候,孩子为了显示他们的存在,希望引起父母的注意,于是就采取这种装哭的办法。孩子根据以往的生活经验,觉得装哭是一个很好的办法,通过装哭父母会把眼光放在他们身上。

这是一个三四岁孩子的思维。这个时候孩子的思维就是这么简单、具体和形象。基于这些思维,他们经常会做出一些自以为是真理的判断,于是就有了这些让父母哭笑不得的装哭。

最近几天胡先生就经常碰到儿子阳阳的装哭。

阳阳已经四岁了,是爸妈的心肝宝贝。特别是妈妈,对阳阳更是宠爱得很,一闲下来就又亲又抱的。

这一星期,妈妈到外地出差了。每当到妈妈以前下班的那个时间点,阳阳就开始哭了。

刚开始,胡先生还莫名其妙的,本来好好的在家里玩着,怎么突然就哭了起来呢?

比如今天傍晚,胡先生在厨房做菜,阳阳在客厅里玩,没过多久,阳阳就大声哭起来了。

胡先生放下勺子急忙跑过去,一看,阳阳好好地坐在沙发上呢。问阳阳怎么回事的时候,阳阳还咧开嘴冲胡先生笑呢。

行为 36　装哭

当孩子自己一个人的时候，会感觉没有人关心他，于是就用哭来引起家长的关注。

另外，有的孩子会以装哭来作为要挟家长的手段。

对于孩子这种无理取闹的行为，家长一定要多注意，不能让孩子养成习惯。

孩子有时会心血来潮地想要做一些事或者想得到一些东西，他们不分时间地点，又没有正确的观念，所以家长很难满足他们提出的要求。当要求不被满足时，孩子就开始哭了。因为，"哭"是孩子最常用也是最直接的一种情绪的表达方式。

根据以往的生活经验，当孩子不小心摔跤或者身体不舒服真的哭的时候，父母总会千方百计地哄他开心，有吃的，有玩的。

就是看中了这一点，当孩子要吃的要玩的而大人不答应时，孩子就哭起来了。他们认为这样大人们会过来哄他们，就会妥协了，他们也就能得到他们想要的东西了。孩子一旦形成这样的心理，他们的依赖性会更强，性格会更加固执而且软弱。

最后，孩子装哭还有一种情况。

孩子有时也会对着镜子哭，而且是假哭。这是孩子对"哭"这种行为的好奇，同时也是对镜子中"我"哭的表情的探索与思考。

孩子天生就有强烈的好奇心。当好奇心逐渐增强的时候，就是孩子思维运转和求知欲望的开始。这是一个好的方面。不过，也有些家长看到孩子对着镜子假哭会担心。

其实，只要孩子不是过度地或者长时间地"装哭"，家长尽量不要去打扰他们。也有孩子认为这是在做游戏，跟大人们闹着玩呢。

父母高招：认真对待孩子的情绪

明白了孩子装哭的原因，家长就可以分别采用以下的方法来处理：

第一个原因：孩子为了引起关注而装哭

其实，这是孩子一个可爱的方面，家长应该用良好的心态来看待。这时孩子的"装哭"是一种善意的情绪的表达，而且也是这个年龄为数不多的表达方式。当孩子用"装哭"来引起家长注意时，家长应该过去看看孩子，也关心一下孩子，抱抱孩子。

家长要想一下，是不是让孩子单独呆的时间太长了，毕竟孩子小，要多花点时间陪伴他们。但同时，家长也要注意，如果孩子装哭太频繁，那么就不要每次孩子一装哭就到孩子身边。并且，家长要告诉孩子，说爸爸跟妈妈就在旁边不远处，孩子有什么事可以叫一下爸妈或者到爸妈这边来，不能每次都哭。要语言跟行动结合起来阻止孩子频频的装哭。孙女士就是用这种方法来阻止小亮亮的装哭的。

最近一段时间，亮亮经常在家里装哭。特别是当家里来客人的时候，小亮亮更是"哭"得厉害。

当孙女士明白了原因之后，小亮亮再装哭，孙女士就不再随哭随到了。

亮亮第一次装哭的时候，孙女士过去哄亮亮，说："宝贝乖，妈妈就在家里呢，有什么事叫一下妈妈哦，不要哭。"

亮亮第二次装哭时，孙女士就远远地看一下孩子，先不去理睬。

第三次的时候，也还稍微看一下孩子。

等第四次孩子大声哭的时候，孙女士再过去抱起孩子，说："妈妈在呢，小亮亮有什么事告诉妈妈呀？"

"呜……妈妈不理我。"

"妈妈就在身边呢，哪有不理亮亮啊？亮亮有什么事就告诉妈妈，不要一直哭哦。还有，男孩子不能经常哭。"

几次之后,亮亮就慢慢地不再装哭了。

第二个原因:以装哭来作为要挟家长的手段

用装哭来要挟家长是一个很不好的习惯。孩子会形成任性、固执等一些负面的性格。所以,在一般情况下,家长尽量不去理会孩子的这种"装哭",慢慢地淡化这种行为。

如果过度在意孩子的这种行为,实际上就是强化了孩子的行为,孩子会错误地以为这是一个好办法,会一直不停地装哭下去。这样,本来想解决好问题,最后反而助长问题的发生了。同时,家长也可以试着转移孩子的注意力,把孩子的视线引向别处。因为,孩子这是在"装哭",并不是真的身体有什么不舒服而哭。所以一旦被转移的话,孩子很容易就会停止装哭,说不定还会看到其他喜欢的事物破涕而笑呢。

第三个原因:孩子对"哭"感到好奇而装哭

孩子会对着镜子假哭是因为孩子对"哭"感到好奇。

对此,家长没什么可担心的,可以由孩子去玩,只要注意一下别摔坏镜子就可以了。

在客厅踩到了乐高玩具，父亲痛得眼泪都要流出来，勃然大怒。因为他已经不止一次叫孩子要把玩具收好，偏偏孩子明知故犯。

父母应有幽默感

此时，父亲若能转换一下口气："我相信宝宝今天一定有乐高的作品，能否让我欣赏一下？只是有一些掉在地上了，害得我脚底差点流血，真是好痛！"孩子一听父亲的表白一定会很不好意思地道歉，并答应下次要收好。

只可惜很少有父母能从幽默的角度去看孩子的错误行为。要注意的是不要让幽默变成挖苦或讽刺。幽默并非用尖酸刻薄的话语来反讽孩子，而是诚心诚意的给对方机会，用笑话来化解尴尬，千万不要让孩子觉得自己渺小、自尊受到伤害，尤其对有些敏感的孩子，反而会弄巧成拙。

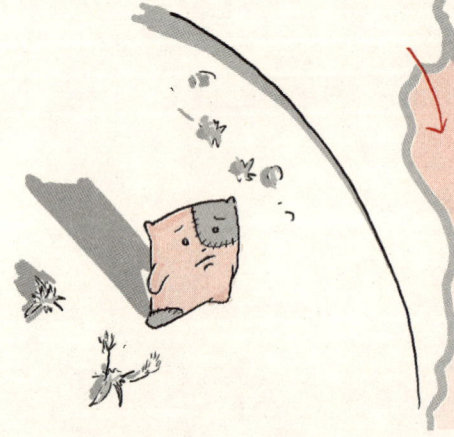

有幽默感的父母不会钻牛角尖，凡事都会预留空间，也不会显得神经兮兮、凡事大惊小怪的。有幽默感的父母，能使孩子看清事情的正确与否，并且有改过自新的勇气，因为他知道父母会给他机会。